JN410174

바람아
구름아

현성호 수필집

바람아 구름아

■ 책을 내면서

나에게도 잊을 수 없는 일들이 넘치기에 글쓰기를 시작했다.

그 세월에 나에게도 삶의 굴곡이 많았다. 무척 망설였다. 육십이면 나름대로의 좌우명과 경험에 걸맞은 글이 돼야 하는데도 미흡한 곳이 너무 많아 부끄럽다.

자랑할 만한 인생관이 없다보니 시시콜콜한 글로 도배했다. 하지만 스스로를 반추할 수 있다는 의미가 크기에 글쓰기에 도전한 것이다. 신들린 무당처럼 풀어내야 할 사연이 너무 많아 가슴앓이가 심했다. 얼마를 글로 옮겨야 원이 풀릴지 자신도 모른다.

인간에겐 부끄럽고 괴로웠던 일들을 잊을 수 있다는 것이 얼마나 다행인지 모른다. 그 잡다한 사연들이 지금껏 남아서 괴롭힌다고 생각하면 때때로 소름이 돋는다. 어쩌면 인간에게 있어 행복의 원천은 잊을 수 있다는데 기인하는지 모른다. 하지만 마냥 잊기만 한다면 기억상실증 환자나 다름없으리라.

아련하거나 뚜렷한 기억으로나마 거듭 괴로움을 당한다한들, 그렇게 덧난 상처를 도덕적인 가치로 미흡함을 정비하고 마음으로나마 미진함을 사색으로 복원해야 한다는 당위성이 수필을 쓰도록 이끌었으리라. 체로 거르지도 못한 채 괴롭고 슬픈 기억들이 사라진다는 상실감을 극복하기 위하여 이제 한 권의 책으로 묶는다.

지인 중에는 평소 내 글을 졸작이라며 더 많은 공부를 해야 한다는 일침을 주기도 한다. 충분한 배려임을 이해한다. 하지만 의욕이라는 시행착오가 졸작을 만들고 졸작의 내공으로 명작이 있음이다. 속 쓰린 눈총이 두렵다고 운둔한다는 것은 우물 안 개구리의 발상일 뿐이다.

대체적으로 살만한 세상이라고 한다. 그 말에 찬성한다. 어려운 생활을 하면서도 더 어려운 이웃을 돕는 이들을 보면서 어느 정도는 부끄러움을 느낀다. 어진 사람들에게 나의 책이 조금이나마 삶에 도움과 힘이 됐으면 하는 바람이 솔직한 심정이다.

이제야 조금씩 철이 드는 걸까?

수필은 현실에서 겪은 진솔한 체험을 바탕으로 창조된 공간 예술이라고 한다. 막상 발표하고 보니 문장의 흐름도 엉망이고 내용 또한 신변잡기가 많아 두렵다. 지도해 주신 선생님께 송구스럽다. 하지만 첫 단추를 끼우는 심정으로 자신을 들어냈음을 고백하고 싶다.

세월이 지나고 나면 그때가 그리워진다고 한다.

내 나이 耳順, 마음은 한창이다. 그리워질 옛날이 될 오늘, 오늘을 보람차게 살고 싶다는 욕망이 새로운 나를 요구하는 듯 먼 길로 내몰고 있다.

五穀百果가 익어 간다는 풍요의 계절, 가을로 접어들었다. 제주에는 노랗게 익어가는 감귤로 마음마저 여유롭고 넉넉하다.

사랑이라는 덕목은 정겨운 보금자리에 보은이라는 열매를 키우고 싶어 여태 낯선 곳을 헤맸는지 모른다. 이제 넉넉하게 머물고 싶다.

2010년 가을, 현성호

| 차례 |

책을 내면서 • 5

1부

내 사랑 까투리 • 17
주인 없는 우편함 • 22
일미칠근一米七斤 • 26
십통일엽十通一葉 • 30
쌍가락지 • 34
아빠는 닭 가슴살을 좋아해 • 38
국화 한 송이 • 43
어느 선창가의 노인정 • 48
아파트 경비원 • 52

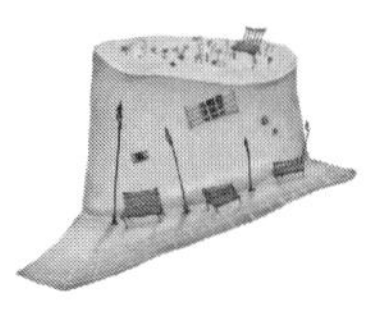

2부

59 • 쟁기질 추억
63 • 여인들의 삶
67 • 스쿠버 다이빙
72 • 불암사의 풍경소리
77 • 나의 작은 행복
81 • 나의 풋사랑 순연이
87 • 할머니의 조배기(수제비)
91 • 늙은 어부의 일상
96 • 가고픈 섬 가파도

3부

바람아 구름아 · 103
모성애 · 107
감성感性의 회초리 · 111
잠녀潛女 · 115
버려진 추억 · 119
이웃 사찰 · 123
닭서리 · 128
화려한 외출 · 132
흑백TV 전성시대 · 137

4부

143 • 눈물에 젖은 노루
147 • 구두쇠 할머니
151 • 음주 운전
155 • 신발의 변천사
159 • 삼다도三多島
164 • 귀신이 되어 버린 악동
168 • 한라산
173 • 고양이 삼형제
177 • 경건한 소풍 길

5부

어머니의 통장 · 183
대머리 · 187
텃밭 · 192
장애라는 것은 · 196
춤바람 · 201
감귤나무 · 205
노년은 아름다워야 한다 · 209
어깨동무 · 213
아! 송아지 · 217

6부

223 • 작은 영혼의 느티나무
229 • 확장 개업
234 • 해빙解氷
239 • 아빠의 미소
244 • 홈 리스露宿者

■ ≪바람아 구름아≫ 작품해설
248 • 폭 깊은 인간에 대한 이해
유한근(문학평론가 · 디지털서울문화예술대 교수)

1부

비록 들짐승이라 할지라도 목숨을 구해주면 본능적으로 고마움을 알 것이다.

그러나 인간은 자기 이익에 눈이 멀어 순리를 저버리는 잘못을 저지르는 경우가 많다.

내 사랑 까투리

천둥치더니 비가 세차게 내린다. 열려 있는 창문을 닫고 시계를 보니 새벽 4시가 지나고 있다. 한 시간은 더 기다려야 날이 밝겠지. 밭에 있을 까투리 가족이 걱정스럽다. 부화한 지 열흘이 지났지만 어린 꺼벙이(꿩의 새끼)들의 안전이 염려스럽다.

며칠 전에 밀감과수원에 갔을 때 일이었다. 딱히 할 일은 없었지만 병해충에 대한 사전조사 차 밭에 가 보았다. 하얀 밀감 꽃 향기가 풍년을 기약하고 있었다.

농사 관리실 옆 빈터에는 감자모종이 자라고 있다. 상점에서 먹으려고 사온 감자를 조금 남겨서 심은 것이다. 감자모종 관리는 귀찮기는 하지만 모종이 자라는 과정을 지켜보는 쏠쏠한 재미는 수확의 기쁨 못지않다.

감자가 영그는 모습을 지켜보는 즐거움도 먹는 즐거움만큼 크다.

그날도 많이 자란 감자줄기를 보던 중, 감자줄기가 넝쿨처럼 쌓인 곳에 거무스름한 물채가 납작 엎드려 있었다. 까투리다. 경계하는 눈망울로 나를 쳐다보고 있다. 못 본 척 살그머니 그 옆을 지나쳤다. 조금 뒤에 확인해보니 다섯 개의 알이 있고 어미 까투리는 먹이를 찾아 잠시 둥지를 비웠다.

알을 품은 어미는 위급한 상황이 아니고는 사람이 옆에 와도 달아나지 않는다. 어미까투리는 움직이거나 날아가면 새가 있는 위치를 알려줄 수 있으므로 가만히 웅크리고 있다가 주위가 조용해지면 둥지를 나와 먹이를 찾는다. 까투리는 안전에 위협을 느끼면 낳은 알을 포기하고 안전한 곳을 찾아서 다시 알을 낳고 포란抱卵을 한다.

서둘러 씨앗 주머니에서 남겨 놓은 콩을 꺼냈다. 한 줌을 쥐고서 꿩 둥지로 살금살금 다가갔다. 언제 왔는지 어미까투리는 알을 품고 있었다. 주변에서 먹이를 찾다가 다시 온 모양이다. 숨죽이고 먹이를 주기 위해 가까이 접근했다. 콩 한 줌을 까투리 옆에 살며시 놓고 뒷걸음으로 물러섰다. 부디 까투리가 도망가지 않기를 빌면서…….

이틀 뒤, 다시 찾은 그곳에는 알이 두 개 더 있고 까투리는 보이지 않았다. 둥지를 옮기지 않아서 다행이다. 미리 준비해 간 보리와 콩을 둥지 옆에 놓고 조금 떨어진 곳에 숨어서 지켜보기로 했다. 얼마 후, 머리를 숙이고 조심스럽게 둥지로 오던 까투리는 내가 준 먹이를 보고 고맙다는 듯이 쪼아 먹는다. 다음에는 물도 넣어줘야지…….

다음날, 까투리 둥지 옆에는 맹꽁이가 꿩알을 지키고 있었다.

과수원 옆 밭은 닭을 키우고 있어서 파리 떼가 극성이다.

까투리가 낳은 알이 파리 떼를 불러온 것이다. 알 위에 앉아 있는 파리를 맹꽁이는 혀로 날름날름 잡아먹고 있었다. 둥지를 드나드는 까투리는 맹꽁이를 보고도 개의치 않는다. 까투리는 나에 대한 경계심도 많이 누그러진 듯 내가 옆에 있어도 아무렇지도 않다는 듯이 알을 품는다. 모이와 물을 옆에 놓아주자 눈을 껌뻑이며 주둥이로 알들을 굴리다가 멈칫거리더니 고개를 세울 뿐이다. 이 상황이 고마웠다.

사흘 후 둥지를 찾은 나는 까투리와 맹꽁이가 한 가족이 되어 있음을 알았다. 맹꽁이는 감자줄기 밑, 땅속에서 잠을 자다가 배고프면 알 위에 앉은 파리를 잡아먹었다.

까투리는 20여 일 동안 12개 내외의 알을 낳는다. 알을 낳을 동안에는 둥지를 자주 들락거리지만, 포란抱卵 기간(23일)은 거의 먹이를 먹지 않는다. 알을 까고 나온 꺼병이(꿩의 새끼)들은 하루 반나절을 어미 품에서 안전하게 보낸 뒤 둥지를 떠나게 된다.

까투리의 가족은 열세 마리가 됐다. 나와는 가까운 친구다.

새끼 이름은 '뚜리'로 지어줬다. 어미는 풀 사이에서 벌레를 찾아 새끼들을 먹이다가 내가 "뚜리야" 하고 부르면 어미와 '뚜리'는 곧장 뛰어온다.

어린 꺼벙이들을 위해서 좁쌀도 준비했다. 어미는 내가 준 좁쌀을 새끼들에게 먹이기 위해 '쪽쪽' 소리를 내며 꺼벙이들을 불러 모은다.

꺼벙이들도 제법 자랐다. 어미와 새끼들은 내 뒤를 졸졸 따라 다녔다. 이놈들은 빠르기도 하거니와 나처럼 성질이 배우 급하다.

열세 마리의 대식구는 먹이다툼도 치열하다. 이제는 제법 멀리 날아다닌다.

부르는 내 목소리를 알아듣고 날아온다.

꿩에 대한 일화는 곳곳에 있다. 치악산 중턱에 상원사라는 사찰에 꿩에 관한 전설이 있다 하여 찾은 적이 있었다. 구전으로만 전해오는 이야기지만 은혜를 갚았다는 꿩의 사연에 정감이 간다.

정이란 받는 것보다 주는 즐거움이 크다고 했다.

어미와 꺼벙이들은 아직은 나의 도움을 받고 있지만 언젠가는 내 곁을 떠날 것이다. 나와 '뚜리' 사이엔 어떤 사연이 남을 지……. 아직은 아름다운 수수께끼다.

주인 없는 우편함

우연한 기회로 고故 장돈식 선생의 ≪딱새네 경사≫라는 수필집을 감명 깊게 읽었다. 안타깝게도 그분은 작년 초에 세상을 떠나셨다고 한다.

시골의 한가한 틈을 타서 수필의 소재도 찾을 겸, 그분의 유택을 방문해야겠다는 생각으로 조엽문학회 회장과 함께 비행기를 탔다. 차가운 날씨가 여행의 기대치를 넘지는 못했다. 딱히 반기는 이가 없다한들 어떠랴. 마음의 행로를 찾아서 느끼고, 취하면 그만이 아닌가? 들뜬 마음을 감추지 못하고 발걸음이 가볍다. 12월 중순 서울의 날씨는 제주도와 달리 귀가 차갑다. 서둘러 지하철로 향했다.

도시의 삶의 원천은 지하철에서 형성되는지, 발길마다 목적을 향하여 힘차게 이동하는 군중으로 활기가 넘쳐 보인다. 하지만 지하철 구석진 곳곳에 삶에 지친 노숙자들이 갈 곳을 잃은 듯, 초점 없는 눈동자로 두리번거리는 모습이 내 마음을 어둡게 눌렀다.

시원한 바람이 드는 걸 보니 바깥으로 나가는 통로인 듯하다.

서울역 광장은 스산했다. 집회장에 모인 군중들은 머리에 붉은 띠를 둘렀다. 그래서인지 서울의 첫인상은 그리 곱지만은 않았다. 을씨년스런 날씨가 옛 추억마저 서럽게 한다. 낭만으로 넘쳐 있던 서울역은 그림으로만 걸려 있을 뿐 가버린 시절처럼 안쓰럽다.

이십대 초반, 청운의 꿈을 안고 무작정 상경했었다. 낭만이 넘쳐나는 서울역, 힘든 일부터 시작하겠다고 골목을 누비며 1년 여를 "구두 딱 꺼~!" 하며 뛰어다녔던 잡다한 생각이 떠올라 형용하기 어려운 회한으로 한층 외투 깃을 여미게 한다. 추위 때문만은 아닌 쑥스러움 때문일까.

목적지인 '시마을 송년회' 자리에 참석했다.

행사를 빛내기 위한 아리따운 여류 시인의 시 낭송은 내 마음까지 흔들어 놓기에 충분했다. 구름과 함께 몸이 두둥실 떠다닌다. 한참이나 공중에 부양된 느낌이었다. 예정된 시간이 아깝다. 자리를 뜨자는 내 얘기에 조엽문학회 회장도 아쉬움이 많은 듯

자꾸만 뒤돌아본다.

원래 아쉬움이란 '달빛에 남긴 물그림자의 여흥' 이라 하지 않던가.

나의 여행은 나만의 '무시 규칙'을 가지고 있다. '자고, 먹고, 즐기는 것을 무시하자.'라는 것이다. 어쩌면 일반 여행자들과는 상반되는 사례일지 모른다. 잘 자고, 잘 먹고, 편히 있으려면 차라리 집에 있지 뭐 하러 나왔느냐는 것이다.

다음 행선지인 원주로 향했다. 원주에는 평소에 존경해 온 고 박경리 선생의 공원이 있다. 또한 면식은 없지만 많은 글을 접해왔던 고故 장돈식 선생의 문학 산실인 '방그라니 계곡 산장'도 찾아볼 것이다.

원주역 앞 작은 모텔에 여장을 풀었다. 환갑을 앞둔 나이에 집사람이 그리운 것은 아니지만 '무작정'이란 여행 규칙을 가졌으면서도 가끔은 길 위에서 서성이는 나그네의 심사로 우울할 때가 있다. 강원도의 추위 때문일까? 길손에게 추위 대접이 야속하다.

대문호 '톨스토이'는 "사랑은 외로움을 달래주기도 하지만 외로움은 사랑을 만들기도 한다."라고 했다.

무릇 글쟁이라면 외로움을 즐길 줄도 알아야 하지 않을까. 어쩌면 여행이란 절대 고독을 찾아 떠나는 고행의 길인지도 모른다.

고 장돈식 선생의 '방그라니 산장'을 찾아가는 길, 앙상한 나뭇가지 사이로 싸락눈이 내리고 휘어진 고목나무 위에는 손님을 반기는 듯 길 따라 까치가 마중나와 특유의 소리를 낸다. 낙엽이 쌓인 골짜기에는 계곡물이 소리내어 흐르고 있다. 아마 그분은 생전에 이토록 구성진 계곡 물소리에 취해 시 몇 구절 읊었으리라.

치악산 밑자락에 자리한 '방그라니 계곡'은 몇 굽이돌아 산허리 휘감아 도는 구름을 붙잡아 놓은 듯 아늑하다. 이곳이 상념想念의 산실産室인가…….

아무런 기별 없이 찾아온 우릴 보고 뒤따라오던 까치가 고개를 갸웃거리며 멀리 날아간다. '이심전심以心傳心'으로나마 그분과 대화를 하고 있는 듯하다.

고 장돈식 선생, 60대 중반에 수필가로 등단하여 90세가 되도록 명작 수필을 남기신 그를 존경한다. 한 인간으로서 모범적인 삶으로 욕심 없는 생을 마감했기에 더욱 그러하다.

무릇, 인간은 삶의 목적이 '무엇을 하느냐.' 보다도 '어떻게 살았느냐.' 하는 데 주술을 달아야 하지 않을까. 작품과 연보에 보았듯이 이웃사랑도 실천하며 살았기에 더욱 마음에 와 닿는다.

우편함이 이방인을 맞이했다. 한참이나 망설이던 나는 우편함을 조심스럽게 열어봤다. 그곳에는 한 달이나 지난 우편물이 주인을 기다리고 있었다. 숲 속에서 딱새 지저귀는 소리가 들린다.

일미칠근一米七斤

농부는 닭 우는 새벽에 하루를 시작한다. 당연하다는 듯 농사 준비를 서둔다. 농부는 식량을 만들기 위한 작업을 한다. 부지런한 일상으로 땀을 흘리며 듣는 풀벌레 소리는 오케스트라의 합중주로 들린다.

시인은 들꽃을 보면서 아름다운 언어를 구사하지만 농부가 바라보는 들꽃은 세월의 가늠자이다. 구름을 보면서 시인은 어디론지 떠나고 싶어하며 아름다운 구절을 상기하지만 농부에겐 구름의 변화도 일기를 가늠하는 중요한 역할을 한다. 밭을 일구고 씨를 뿌리며 풍년을 기약하는 농부, 땀 흘린 열매를 하늘에 맡기는 여유로움을 알기에 자연이 주는 은혜인 땀의 보상을 받을 뿐이다. 드넓은 하늘 아래 나무와 들풀과 더불어 살아가는 농부의 얼굴엔 땀으로 일군 풍년의 미소가 흐른다.

가을에 익어가는 벼를 수확하는 주름진 촌로村老의 모습은, 만삭이 된 며느리를 아끼는 시아버지의 얼굴이다. 그러다가도 농사일에 힘들면 '밥을 안 먹고도 살 수가 없을까?' 가끔 되지도 않는 질문'을 해본다. 힘에 겨워서다. 하지만 '농자천하지대본' 임을 되뇌어 본다. 이제는 사라져가는 단어인지도 모른다. 언젠가는 영양가가 듬뿍 든 알맹이 하나로 식사를 해결하는 시대가 올지 모른다.

의식주에서 나는 식食을 제일 중요시한다. 작금의 편리하고 풍요로운 삶을 사는 현대인은 쌀 한 톨의 의미를 잊고 사는 것 같다.

사기史記에는 '민이식위천民以食爲天(백성은 밥을 하늘같이 생각한다.)'라고 씌어 있다. 임금은 백성들의 풍요로움을 곡식이 많고 적음으로 평가했다.

내 유년 시절, 아버지는 많은 식구(9남매)를 먹이기 위해 밤낮으로 농사일을 해야만 했다. 7월이 되면 목장에 방목하는 소를 끌고 와야 밭갈이를 할 수 있었다.

열두 살 무렵인가, 잠에 겨운 눈으로 아버지를 따라 목장으로 갔던 기억이 난다. 농사일은 소가 없으면 불가능했다. 그래서 소는 가족이나 다름이 없었다. 소는 주인과 더불어 묵묵히 삶의 원천인 밭을 일군다. 밭갈이 하는 소가 힘들어하면 소를 쉬게 한다. 소는 농부의 몸의 일부이기 때문이다.

'일미칠근一米七斤'이라고 한다. 쌀 한 톨을 만들려면 농부는 땀을 일곱 근이나 흘려야 한다는 말이다. 과연 쌀 한 톨은 땀이 몇 방울일까?

동서양을 막론하고 쌀이 주식이 아닌 곳이 없다. 밀도 엄연한 곡식이다. 1950년대 초에는 흉년이 들어 초근목피草根木皮로 끼니를 때웠다고 한다. 나라가 가난하다 보니 백성들을 보살필 힘조차 없었나 보다.

보릿고개가 힘겹던 그 시절, 추수가 끝나고 광에 쌓인 곡식을 보노라면 남부러울 것이 없었다. 지금은 쌀 소비 둔화로 재고량이 누적되어 오히려 누적된 쌀은 애물로 취급되고 있다. 한국은 식량자급을 오랫동안 농업정책의 최우선으로 해왔다. 이는 농업의 발전보다는 수출형 산업을 위한 저임금 노동력과 자본재의 구매를 위한 외화 절감의 선택이었다. 그러다 보니 과다 생산에 대한 처리기준은 미약할 수밖에 없었다.

쌀의 국내소비량을 보면 1970년도에는 1인당 연 소비량이 140kg에 달했지만, 2009년도에는 1인당 소비량이 74kg에 그쳤다. 202g(밥 1.5공기)으로 하루의 식사를 해결하는 것이다. 또한 맞벌이 부부의 증가로 대체식품 소비 증가에 따라 쌀 소비량이 그만큼 줄어들게 된 것도 한 원인이다. 그 후 쌀은 천덕꾸러기로 변해서 농부들의 원망어린 한숨 요인이 되어버렸다.

예컨대 한자漢字는 약 3천5백여 년 전, 은殷나라 때 만들어졌는데 한자 중에 식食자에 눈길이 간다. 사람에게 제일 좋은 것이 밥이다. 그래서 사람 인人자 밑에 좋을 양良자를 결합해서 밥식食이 됐다.

유엔 세계 식량 프로그램 '모리스' 사무총장은, 현재에도 굶주리고 있는 8억 5천 명 가운데 반 이상이 어린이이며, 그 중 하루에 1만 8천 명이 죽어가고 있다고 했다. 통계에 의하면 인도에서 가장 많은 어린이가 영양실조로 고통받고 있으며, 중국이 그 뒤를 잇고 있다고 한다. 그래서인지 중국의 등소평은 땅이 넓은 중국이 머지않아 세계를 지배한다고 호언장담을 했다던가? 그는 쌀의 부족함을 절실히 느끼고 생산의욕이 부족한 공동생산 체제를 과감히 정리하고 시장원리체제(개인생산체제)로 전환했다. 국민들을 배불리 밥을 먹이기 위한 정책인 것이다.

李堂 안병욱은 '땀을 흘리기를 좋아하는 사람이 되어라. 애한인愛汗人은 성공하고 유한인流汗人이 승리한다. 땀을 흘리기를 싫어하는 불한당不汗黨은 패배자로 전락한다.'라고 했다. 땀으로 영근 한 톨의 낱 곡 알맹이는 나태해진 우리를 시험하고 있다. 인간은 결국 흙으로 돌아가서 새로운 씨앗을 키우기 때문이다.

십통일엽十通一葉

시각은 새벽 2시를 넘어서고 있다.

가끔씩 들려오는 자동차 소리가 정적을 깬다. 땡볕 아래서 빈 자리를 찾아 헤맸던 쇠똥구리처럼 뒹굴다 지쳐 편히 잠자는 시간이다. 이런 시간에 내가 누군가에게 편지를 쓰리라고는 생각도 못했었다. 편지란 꼭 필요할 때 쓰는 확인서 같은 것쯤으로 여겨왔는지 모른다. 청구서, 혹은 경·조사 때에 알림 역할로 매김해 왔기 때문이다.

그런데 딸에게서 온 짧은 구절의 문구가 왠지 내 가슴을 흔들어 놨다.

편지, 생소하게 느껴짐은 왜일까. 버튼 하나로 안부를 교환하는 시대라서 그럴까. 서먹한 일면도 있지만 정감어린 많은 생각들이 먼저 와 닿기 때문일까. 그래서인지 딸에게 보내는 편지일지라도 왠지 조바심어린 흥분이 앞선다. 생각해보니 편지란, 잊고 있었던 내 삶의 그림자를 찾는 것이었다. 공중에 흩어져 사라져 버리는 짧은 대화보다 정성으로 또박또박 써 내려간 편지는 오래오래 곁에 두고 싶을 것이다.

신선한 바람이 소슬바람처럼 내 곁으로 불어온다. 넘겨서는 안 될 책장을 무심코 넘겨왔던 느낌이 든다. 헛바퀴 도는 자전거 페달을 밟는 것같이 헛도는 허무의 시간도 이제는 되찾을 것만 같다. 잃어버린 아름다운 가슴속의 날들을 편지로써 다시 만난다는 것은 얼마나 흥분되는 일인가.

멀리 계시는 어머니에게도 편지를 띄워야지…….

내가 처음으로 편지를 쓰게 된 것은 초등학교 4학년 때이다.

60년대 초, 군의 사기를 북돋는 차원으로 학교에서는 국군에게 위문편지를 쓰라는 강요 섞인 숙제를 주었다. 어린 나이에 얼굴도 모르는 사람에게 글을 쓴다는 것 자체가 그리 쉽지 않았다. 종이 한 장을 채우기가 무척 힘이 들었다. 그래도 선생님은 위문편지를 잘 썼다고 나에게 옥수수가루 한 봉지를 상으로 줬다. 어머니는 내가 가져온 옥수수가루로 떡을 쪄주셨고 나는 그 옆에서 의기양양해 우쭐거리기도 했다. 그 뒤로도 한동안 편지 써서 양식을 구하려고 했다. 그때의 어머니의 미소는 오랫동안 뇌리에 남아 있다.

나의 첫 효도는 '국군장병 아저씨께'라는 위문편지로 이루어졌다고 할 것이다.

둘째딸이 결혼하여 경기도에 살고 있다. 얼마 전, 뜬금없이 우편함에는 딸이 보낸 편지가 들어 있었다. 반가움과 궁금함이 섞인 묘한 기분으로 뜯기조차 망설여졌다. 일이 있으면 전화를 했을 텐데, 그건 아닌 것 같고, '편지' 라는 그 자체만으로도 감흥이 새로웠다. 충분히 만끽하고 싶었다. 뜯기가 아쉽고 뭔지 모를 조바심이 나를 들뜨게 했다. 가만가만 열어봤다.

내용은 간단했다.

"아빠 엄마, 사랑해요. 행복하게 잘 살게요. 아무 걱정 마시고 건강하게 오래오래 사세요." 흔하디 흔한 인사말이다.

하지만 딸에게서 이렇게 감흥에 겨운 큰 선물을 받기는 실로 처음이다.

숱하게 전화로 해온 인사말이지만 편지의 매력은 대단했다. 장문도 아닌 두 줄의 문안 편지는 오랫동안 가슴을 저미게 했다.

내 어린 시절의 순수를 잃어버리고 살아오다가 많은 세월이 지난 오늘에 와서야 마음의 소리를 듣게 됐다. 하얀 종이 위에 또렷한 글자로 하나하나 써 내려간 편지를 읽으며 상념에 젖어본다. 읽는 몇 글자의 감회어린 기쁨이 얼마나 크겠는가.

깊은 밤, 눈 비비며 고즈넉하게 쓰는 편지라면 더욱 정감 있겠지. 멋진 문장이 아니라도 좋다. 갈필이면 어떠랴. 편지는 손때가 묻은 현세의 시간이 작금으로 살아나는 투명한 심산의 물소리다. 소원해 있던 친구일지라도 마음의 글을 주고받는다면 허물의 벽은 무너질 것이다.

프랑스에서는 사랑의 메시지를 편지로 주고받으며 사랑의 정표로서 영원히 간직한다고 한다. 부럽다는 생각이 든다.

'十通 一葉' 눈에 잘 띄는 곳에 조그맣게 써 놨다. 열 번을 전화로 통화하면 한 번은 반드시 편지로 보내기다. 딸에게서 배운 감동을 모든 이에게 다시 나누어 주고 싶다. 애틋한 문장을 하나씩 꿰어 마음을 전하겠다.

서툰 글이면 어떠랴, 받는 자의 기쁨으로 보내겠다.

새벽 3시다. 딸은 꿈나라에 있겠지.

편지받고 미소짓는 딸의 모습이 눈에 선하다.

쌍가락지

고사리 꺾으러 들판으로 나왔다. 산야山野는 손에 잡힐 듯 맑다.

오름에서 놀고 있는 노루가 금방이라도 뛰어 올 것만 같다.

어제 내린 비로 먼지가 씻어진 듯 온 천하가 깨끗하다.

작은 냇가에 고인 물웅덩이에는 이른 올챙이 떼가 낙엽 속에서 숨바꼭질하고 있다. 햇살을 입에 물고 기지개 켜는 고사리 형제들이 나를 반긴다. 고사리 꺾으면서 상념에 잠기다가 문득, 누님이 들려준 가락지 사연이 떠오른다.

누님은 결혼 당시에 끼고 있던 쌍가락지 대신 어머니가 해주신 외가락지를 끼고 있다. 동네에서 착하다고 소문났던 누님은 매파의 꼬드김에 못이겨, 옆 마을에 사는 남자를 만나게 되었다. 키는 작지만 단단해 보이고 공무원이기도 해서 내심 마음에 들었다고 한다. 중학교를 졸업하고 집안일을 도왔던 누님으로서는 그만한 혼처가 없을 것 같다는 생각에 부모님이 정해준 날짜에 결혼을 했다. 시어머니는 며느리에게 순금으로 된 쌍가락지를 예물로 해 주었다.

시부모의 보살핌과 남편의 사랑을 받으며 밤낮이 어떻게 가는지 모를 만큼 신혼의 단꿈을 꾸었다고 한다. 그러나 그 행복한 결혼생활은 오래 가지 못했다. 5년이 지나도록 아이가 없어 말 못할 무거움이 쌓여만 갔다. 자상하던 시아버지도 아예 눈길조차 안 주고, 남편은 구실을 붙이며 잠자리마저 피했다. 시어머니는 용하다는 점쟁이 집을 다녀왔다. 불임의 탓은 며느리에게 있는 듯 대놓고 불평했다. 점점 싸늘한 분위기는 누님을 힘들게 하였다.

그러던 어느 날, 술에 취한 남편은 결심한 듯 이혼하자는 얘기를 꺼냈다.

괴로운 표정을 짓는 남편의 속사정을 알았다. 가문의 대를 이어야 하기에 많은 이야기들이 오고갔음도 알았다. 하지만 이렇게 쉽게 이혼이란 말이 나올 줄은 미처 몰랐다. 시아버님도 말씀하신다.

"사돈 댁은 내가 연락하마."

남편마저 슬그머니 자리를 떴다. 깊은 물속에서 숨을 참았다가 내뱉는 해녀처럼 긴 한숨이 나온다. 방으로 들어간 그녀는 결혼 기념사진 속에서 행복한 미소를 짓는 자신의 사진을 만져본다. 웃고 있는 사진이 자신이 아닌 것만 같다. 며칠 전에 사온 송아지는 외양간에 묶인 채 어미 찾아 애처롭게 울고 있다.

그 후로 남편은 아내의 얼굴 보기가 민망했는지 출장을 핑계로 자주 집을 비웠다. 결국 그간의 세월을 더듬을 수밖에. 생각할수록 야속했다. 여자란 결혼할 때 사내아이를 꼭 낳아야 한다는 약속을 해야 하는가? 누님은 남편의 목소리만 들어도 흐뭇해 하였기에 이 순간에도 남편이 돌아와서 안아 주기를 간절히 바랐다. 베개를 안고 흐느끼다가 잠이 들었다.

이튿날 아침 시어머니가 며느리를 불렀다.

"얘야, 예물인 그 가락지는 빼놓고 가거라."

대답이 목 안에서 맴돈다. 그렇게 가락지를 빼서 시어머니 무릎 아래 놓고 정들었던 시집을 나왔다.

그 세월에 친정아버지는 돌아가셨다. 어머니는 잠시 눈물을 흘리시더니,

"어쩔 수 없다. 네 팔자소관이지."

하고는 딸의 손을 꼭 쥐었다. 까칠한 손, 색깔이 누렇게 변한 큼직한 금반지가 어머니 손가락에 끼워져 있다. 어머니 마음은 딸의 손가락 반지 자국만큼이나 안쓰러웠을 것이다.

"어머니, 죄송해요."

그녀의 목소리가 가늘게 떨린다.

"세월이 약인 거여."

딸의 손을 잡은 어머니의 손이 떨고 있다. 누님은 살며시 잡힌 손을 빼며 어머니의 금반지를 만진다. 곗돈을 부어 시집갈 때 사드린 금가락지이다. 어머니는 결심한 듯 누님의 손을 다정하게 잡더니

"내 반지가 너무 크니 둘로 나누어 한 개씩 끼자꾸나."

고개를 끄덕이는 모녀의 머리 위로 밀감 꽃향기가 스며든다.

며칠 후, 동네 품앗이 갔다 온 누님에게 어머니가 조그만 상자를 내민다.

작고 예쁜 가락지 두 개가 들어 있다. 어머니는 웃으시며 누님 손가락에 직접 끼워 주신다. 까칠한 손이지만 따스함이 배어 있다.

"어머니, 내일 고사리 꺾으러 가요."

"그래, 넙고사리 순으로 쌍가락지 만들어 끼자."

봄볕이 싱그럽다. 담쟁이는 돌을 껴안고 놓아주질 않는다.

아빠는 닭 가슴살을 좋아해

요즘은 나들이 가기에 참 좋은 5월이다. 옥상에 올라가 보았다. 하늘에는 새털구름이 한가롭게 떠다니고 있다.

어젯밤 꿈 생각이 난다. 소라와 보말(고동)을 많이 잡아 바구니에 담아 집에 가지고 오는 꿈을 꾸었다. 좋은 일이 생길 것 같은 느낌으로, 낚시 도구를 챙겨 바다로 향했다. 꿈을 어느 정도 믿어 보기로 했다.

나의 낚시 경력은 30년이 넘는다. 그 정도면 조사로서의 입문은 돼야 하겠지만, 나는 영 아니다. 그저 바다에 낚시 드리우는 것만 알 뿐, 강태공이 빈 낚시 드리우는 수준이다. 미끼 값 본전

찾기란 그리 쉽지만은 않았다.

바다로 향하는 나는 뭔지 모를 기대감에 마음이 바쁘다. 낚시 도구를 꺼내는 순간, 그 곁에는 주인을 원망하는 듯이 스쿠버 장비가 먼지를 뒤집어쓰고 있다. 꽤 값이 나가는 물건들이다. 남들이 한다는 건 거의 다한다. 하지만 잘하는 게 하나도 없다보니 마누라의 등쌀도 감수해야 한다.

마음을 추스르며 동네 부둣가 방파제로 갔다. 날씨가 너무 좋아 바다 밑이 훤히 보이는 것이, 오늘 낚시는 신통하지 않을 전망이다. 내 실력에 무엇을 탓하랴는 심정으로 낚싯줄을 바다에 드리웠다. 바다에 비친 내 모습이 나를 보고 '뭣 하러 왔지?' 한다. 옆을 보니 코딱지 후비던 꼬맹이도 나를 보고 씩 웃는다. 실없는 나의 헛웃음이 꼬맹이를 가버리게 했다.

한 시간 고기와의 싸움에서 솔래기, 볼락, 자리 돔 등, 10여 마리가 바구니에서 서로 입맞추고 있었다. 조금 흐뭇해하고 있을 때 자동차 소리가 나더니 한 무리 낚시 팀이 내 옆으로 왔다. 내심 저쪽으로 갔으면 했는지도 모른다. 내가 낚은 고기가 형편이 없기도 했거니와 보여 주기도 싫었다. 고기 밑밥을 챙기는 그들을 보니 꽤나 괜찮은 실력임이 분명했다. 심기가 불편함을 억지로 누르고 있는데 그들은 은근슬쩍 내 바구니를 훔쳐본다. 조소하고 있음이 분명하다. 모자를 푹 눌러썼다. 얼마 안 있어 그들 중 누군가가 한 수를 낚는가 보다. '에이, 줄이나 뚝, 끊어져

버려라.' 하고 괜한 심술이 난다.

인고의 시간을 보내고 있는데 차가 한 대 선다. 왁자지껄 시끄럽더니 가족인 듯 줄줄이 차에서 내린다. 먹을 것을 잔뜩 싸들고 온 폼이 아마도 바닷바람이 좋아서 왔는가 보다. 반가웠다. 이 사람들은 내 수준일 것이다. 어쩌면 내게 낚시하는 방법을 한 수쯤 가르쳐줄지도 모른다는 기대감이 들었다. 하지만 내겐 안중에도 없는 듯 돗자리를 깔더니 자기네 마당이라도 되는 양 여자들은 커다란 궁둥이로 방파제 맨바닥에 앉는다. '조금 차가울 텐데.' 하며 괜스런 걱정을 했다. 아무튼 반가운 손님임에는 틀림이 없다. 잠시나마 초라함에서 벗어났음은 사실이다.

잠시 후, 그들이 가지고 온 음식 중에는 맛있게 보이는 튀김 통닭이 있었다. 순간, 나도 모르게 콧등에서 무언가 찡 하는 바다냄새가 밀려옴을 느꼈다.

벌써 30년이 지난 것 같다. 그때는 누구나 힘든 삶을 살았다.

닭 한 마리면 온 집안이 잔치 분위기였다. 요즘은 전화를 하면 집에까지 배달되는 흔한 치킨이지만, 그 시절 아이들에게는 최고의 간식감이였다. 기분이 좋게 적당히 취기가 있는 날은 어김없이 튀김 닭 선물로 아이들에게 잘해 주려고 무척 애썼다. 넉넉하지 못한 형편인지라 네 식구에 닭 한 마리로 그저 생색내기에 만족해야만 했다. 그런데 닭이란 다리가 두 개뿐이라, 아이들 주고 나면 나는 항상 가슴살이다. 그저 맛있다는 흉내라도 내면서 가슴살이라도 먹는 게 나의 습관이 되었다. 아이들이 맛있게 먹는 모습을 즐겼을 뿐이다.

두 딸네 식구가 총출동해서 놀러왔다. 이제는 딸들이 나를 벌써 할아버지로 만들어 버렸다. 그나마 손자들 재롱이 나를 젊게 한다. 요놈들이 내 수염을 뽑으려고 안달이다. 나는 전부 다 뽑아 줬으면 하는 안 될 주문을 외워본다. 손자 놈이 무엇인가를 들고 자랑삼아 내게 준다. 먹을거리를 잔뜩 가지고 온 모양이다. 그 중에는 요즘에 흔한 치킨이라는 것도 있다. 둘러앉아 먹으려고 하는데, 두 딸이 내 앞에는 닭 가슴살만 내어 놓는다. 요즘같이 닭이 흔할 때야 가슴살이든 닭다리든 상관없지만 전에는 귀한 대접받던 닭고기이고 보니, 닭다리를 안 먹고 딸에게 주었던 그 시절을 생각하며 하도 어이없어 그저 쳐다만 보았다. 보다 못한 아내가 일침을 놓았다.

"이것아, 그때 아빠는 닭다리는 너희들 주려고 안 먹은 것을 아직도 모르냐?"

영원히 감췄어야 할 얘기를 폭로하고 말았다. 순간, 입가에 올렸던 음식물이 그 자리에서 멈췄다. 대신 괜히 물을 몇 모금 마셨다. 물도 목에 걸려 맴돈다.

"아빠, 그게 정말이야?"

딸의 날카로운 질문은 계속 가슴을 때린다.

"아니야, 아빠는 그 전부터 살찔까 봐 기름을 조심했어. 그래서 지금도 이렇게 건강하잖니?"

토라진 딸은 벌레 씹은 얼굴로,

"아니야, 난 몰라. 아빠, 정말로 그래……? 나 집에 갈래."

서둘러 도망치듯 집을 나서는 딸들의 뒷모습을 보며

"야, 지금도 아빠는 닭 가슴살을 좋아해."

낚싯줄은 그저 물결에 흔들릴 뿐이다. 고기들은 미끼를 외면하며 딴전을 피운다. 넋 나간 듯이 서 있는 내가 이상한지 옆에 있는 꼬맹이가

"할아버지 이거 먹어."

하면서 치킨 한 조각을 내민다.

'이 할아버지는 닭 가슴살을 더 좋아하는데…….'

낚인 고기가 살아 있어서 다행이다. 살며시 바다 품에 놓아줬다.

바닷물이 손등을 어루만진다. 바다에 비친 내 모습이 늘씬하다.

국화 한 송이

한 달에 한 번은 병원에 가야 한다. 15년이나 앓아온 당뇨가 좀체로 물러가질 않아서다. 의사를 만나기 전에 먼저 혈당 체크를 해보는 것이 순서다. 그런데 웬걸, 지난달보다 당뇨 수치가 조금 높다. 죄지은 듯 다소곳하게 의사 앞으로 갔다. 선생이 말 안 듣는 학생을 앞에 두고 훈계하듯이 주문한다.

'운동을 열심히 해라, 식이요법을 해라, 단 음식을 삼가라, 금연해라.'

어쩔 수 없이 30년을 즐겼던 담배를 끊은 지도 두 달이 조금 지났다. 금단증상이 나를 괴롭혔지만 참는 즐거움으로 이를 악물고 견디어냈다. 그래서인지 체중이 약간 늘었다. 체중과 당뇨는 밀접한 관계가 있다고 한다. 때문에 가끔 즐겨 다니던 산책을 금연 후로는 날마다 걷고 있다. 그래서인지 산책로에서 주고받던 눈인사가 서로의 안부를 물을 만큼 친한 이웃처럼 발전했다.

언제부턴가 40대쯤 된 아주머니가 열 살쯤 되는 소녀와 손을 꼭 잡고 조금 가파른 산등선을 오르곤 했다. 이미 몇 번 인사를 주고받았지만 시큰둥한 표정은 변함이 없고, 아예 인사를 건네지 말았으면 하는 눈치가 역력하다. 그때도 둘은 서로 손을 잡고 걷고 있었는데 소녀는 변함없이 모자와 마스크를 쓰고는 아무런 얘기도 없이 조심스럽게 걸음을 떼곤 했다. 늘 하던 대로 산책로를 돌아서 입구에 있는 놀이터에 도착하고 수돗물을 틀었다. 목을 축이며 땀에 젖은 손수건을 헹구고 목덜미를 닦다가 수돗가에 온 그들 모녀에게 말을 걸었다.

"자판기에서 시원한 음료수라도 뽑아 드릴까요?" 그러자 그 아주머니는 "고맙습니다. 하지만 아무거나 먹을 수 없답니다." 하며 아이 손을 잡고 황망히 멀어져갔다. 그 뒤로 그들 모녀를 잊고 지낸 지도 2개월쯤 지났다.

조석으로 서늘한 9월 중순, 친구와 재래시장 먹자골목에서 순대국밥으로 이름난 식당을 찾았다. 상냥한 아주머니가 권하는 자리에 앉았다. 우리가 주문한 순대국밥을 만드는 아주머니와 우연히 눈길이 마주쳤다. 산책길에서 소녀와 손을 잡고 산책로를 거닐었던 그 아주머니였다. 반갑기도 했지만 그때의 그 소녀

가 더욱 궁금해졌다. 반가운 말투로

"그 아이는 잘 있나요?"라고 묻자.

"보내 주었답니다." 하면서 하던 일을 계속한다. '보내 주다니, 어디로? 혹시, 남편 곁으로……?'

고개를 숙이고 순대국밥을 만드는 아주머니에게 재차 물었다.

"가끔 놀러 오나요?" 대답 대신 주문한 순대국밥을 우리 앞에 놓고는 나지막하게

"저기 있네요. 우리 애영이가." 아주머니의 손끝을 따라가던 내 눈길이 멈칫했다.

그곳에는 밝게 웃고 있는 소녀의 사진이 있고 그 앞에는 국화 한 송이가 소녀를 지키고 있었다.

'그럼 그 아이가……?' 나의 독백에 슬픈 미소를 머금은 아주머니는

"우리 애영이가 백혈병으로……." 하며 눈자위를 훔친다.

이십 년 전이다. 팔팔하던 30대 후반, 내가 할 수 있는 일이라면 만사 제쳐 놓고 열심히 찾아 나섰던 때가 있었다. 일예로 '적십자 혈액원'이라면 내 얼굴을 모르는 사람이 없을 정도로 헌혈 운동에도 앞장섰다. 그러던 중에 혈액원 모 과장이 나에게 넌지시 골수기증에 대한 안내를 하였다.

선진국에서는 국민의 5%가 헌혈 및 골수 기증에 참여하지만 우리나라는 아직도 참여율이 0.3%에 그쳐서 꺼져가는 생명을 보

면 너무나 안타깝다고 했다. 나는 선뜻 그 자리에서 골수기증 서약서를 작성했다.

미성년자는 보호자의 동의에 의하여 골수가 채취되지만 성인은 본인의 동의서만 있으면 언제든 가능했다. 단, 50세 전이라야 한다고 예시돼 있다.

혈액 검사가 있고 난 뒤 5개월쯤 지났을까. 모병원에서 연락이 왔다. 이틀 후 오전 10시까지 오라는 전갈이다. 남모를 두려움과 한 생명을 살린다는 뒤죽박죽된 생각으로 이틀을 보내야만 했다. 가족에게도 알리지 못했다. 내 뜻을 거부할 것 같아서다.

D－Day, 회사에 하루 휴가를 내고서 병원으로 향했다. 담당 의사를 만났다. 친절한 간호사가 유별나게 반기기에 두려움이 더욱 커져갔다. 이런저런 주의사항을 들은 후 침대 위에 엎드렸다. 나는 한순간의 고통으로 한 생명을 살린다는 생각만으로 마취 없는 5분여간의 고통을 이겨냈다. 신음소리 한 번 없는 나를 보고 의사가 빙그레 웃으면서 고맙다고 했다. 나는 문득 골수를 기증받는 자가 누구인지 궁금해지기 시작했다. 넌지시 의사에게 물어봤다. 웃기만 할 뿐 아무런 대답이 없다. 괜히 쑥스러웠다. 골수 체취 후 세 시간 정도의 안정을 취하고 병원을 나섰다.

집에서도 며칠은 안정을 취해야 한다는 의사의 말도 무시하고, 휴일이면 한창 바쁜 밀감 작업을 도와야만 했다. 무거운 밀감 나르는 작업은 쉬운 일이 아니지 않은가. 하지만 뭔지 모를 뿌듯함이 나에게 힘을 보태주는 것만 같았다.

5분간의 짧은 고통으로 한 생명을 구할 수 있다면 그 얼마나 행복한 고통인가?

엄마 품을 떠난 애영이의 가냘픈 얼굴이 떠오른다. 그 어린 나이에 날개도 못 펴보고 엄마 품을 떠나고 말았으니…….

별은 어둠이 짙을수록 더 밝게 빛난다.

우리는 어두운 밤을 함께 지새우는 한 가족이다.

'기증 문화'는 내가 내 가족을 살리는 길이다.

별을 같이 헤며 남과 더불어 사는 눈부신 새벽이기를 기대한다.

어느 선창가의 노인정

바다가 훤히 보이는 선창가 모퉁이 노인정에 사람들이 모여든다. 그 노인정은 간이 천막으로 되어 있고 오래되었는지 노인들의 애환인 양 누르스름하다.

이 노인정은 시원한 곳으로 유명한데 주변 사람들의 주머니를 털어서 지어졌다. 해진 곳을 여러 번 수리하느라고 수명이 다한 듯 너덜너덜하다. 10평 정도인 천막은 군데군데 찢겨져 있어 작은 비바람에도 무너질 듯 위태롭다. 겨울에 사용했던 녹슨 난로가 구석으로 밀려나 있다. 그래도 노인들의 보금자리라서, 시멘트바닥에는 윷놀이 판이 그려져 있고 비닐봉지 속에는 간식으로 먹었던 빵 부스러기와 과일 껍질이 많은 걸로 보아 어제도 흥겨운 하루였던 것 같다. 대충 주워모아 쓰레기통에 넣었다.

이곳 신촌은 제주시에서 동쪽으로 10km 정도 떨어진 곳으로 1천 3백여 가구에 사천여 명의 인구가 산다. 주로 농사를 짓고 살며 어부는 몇 안 되는 농어촌 마을이다. 선창에는 20여 척의 통통배가 있는데 어업을 하는 주민의 생활수준을 풍요롭게 하고 있다. 선주들도 절반은 밭일을 하면서 고기잡이 일도 한다. 스스로 반농반어 직업인이라고 지칭한다.

이곳 노인정은 마을의 휴식공간이며 복덕방이고 재판소이다. 아쉬웠던 과거와 웃음이 묻어 있는 현재가 공존하는 곳이다. 여기서는 경력과 빈부를 차별하지 않는다. 윷판을 벌이고 돈을 딴 사람이 한 턱 내면 웃음꽃이 절로 피는 곳이다. 나는 가끔씩 이곳에 온다. 여기에서는 과거의 잘못을 논하거나 나이를 탓하는 사람 없다. 애환을 같이하는 동료인 셈이다. 서로 자연을 이야기하며 운명에 순응하며 살아간다.

이 동네 젊은이들은 노인정에서 풍기는 어른들의 모습에서 겸손과 삶의 순리를 배우며 상생의 섭리를 깨우친다. 그러기에 소외 계층도 없다. 개인의 아픔도 서로 위로하고 십시일반 서로 돕는 넉넉함을 보여주는 마음의 부자들이다. 인지상정이란 말처럼 평범한 사람들의 모여서 정을 나누며 사는 곳이다.

노인정 천막 옆으로 신촌이 자랑하는 천연 지하 용천수가 끊임없이 솟아난다. 시원한 용천수는 더위에 지친 노인의 마음을 씻어주기에 충분하다. 천막 사이로 스며드는 바닷바람도 노인들의 호흡기관을 깨끗하게 씻어주는 양 공기 또한 맑다.

가끔 손자뻘 되는 젊은이와 윷놀이를 하는 모습이 무척 정겹다. 오늘도 판이 벌어졌다. 노인이 딸 때도 있지만 십중팔구는 젊은이가 딴다. 젊은이는 딴 돈을 다시 드리지만 노인들은 손을 저으며 한사코 안 받는다. 오히려 젊은이가 돈을 더 보태어 막걸리와 마른 오징어를 대접한다. 이럴 때 '필분이식必分以食'이라고 모든 것은 나누어 먹어야 한다는 옛 성인의 가르침을 실행하게 되는 것이다. 베푸는 젊은이는 표정 관리에 애쓴다. 게임에 진 노인의 눈치를 살피다가 담배 몇 갑을 노인에게 사다 드린다.

사람에겐 예의범절이 있기에 짐승과 다른 것이다. 젊은이들은 공경을 배우고, 노인들은 삶의 경험으로 터득한 지혜로 시대의 흐름을 느끼며 오래 살아야 할 의미를 배운다.

내가 바닷가로 오는 것은 시원한 바람이 좋아하지만 진짜 이유는 사람들과 인정을 같이하기 위해서다. 막걸리 잔에도 고향의 정이 묻어 있어 나는 그 정을 함께 마신다. 술잔을 나누던 노인이 얼큰하게 술기운이 오르셨는지 6 · 25 사변의 추억담을 펼치기 시작했다.

노인은 6 · 25전쟁 참전 용사다. 18세에 해병대로 참전해서 적군의 총에 맞아 한쪽 다리가 불구가 되었다. 노인은 전사한 전우들이 지금도 눈앞에 선한지 간간이 말을 끊는다. 떨리는 목소리로 살아 있음이 부끄러운 듯 말을 마치겠다고 일어서더니 자리를 뜬다. 불편한 다리를 절름거리며 멀어지는 노인의 뒷모습에서 6 · 25의 총성이 들릴 것만 같다. 노인정 천막으로 들어오는 시원한 바람도 노인의 쓰린 가슴을 씻어주지를 못했다. 나도 잠시 동안 침묵을 지켜야만 했다.

윤동주 시인은 서시에서 '한 점 부끄러움이 없기를, 잎새에 이는 바람에도 나는 괴로워했다.'라는 구절로 삶을 고백했는데 나는 부끄러운 줄도 모르고 너무 쉽게 살아온 것은 아닌지, 낯선 땅에서 고향을 그리는 그 노인에게 죄스럽다. 나이가 들어 갈수록 차마 고백할 수 없는 소용돌이가 있어 가끔 나 자신을 돌아본다. 더 늦기 전에 외로운 이웃에게 따스한 정情을 나누어 드려야겠다.

나도 인생의 그림자를 밟을 만큼의 의미를 느끼는 예순 살이다. 잃어버린 것은 청춘뿐만 아니라 이만큼 살아온 세월의 고마움도 있다. 스스로 안타깝다. 사변동이인 나는 노인정에서 펄럭이는 태극기를 그저 묵묵히 바라보기만 한다.

내일도 태극기는 바람을 탈 것이다.

아파트 경비원

환절기라서 집을 나설 때, 옷 선택에 신경이 쓰인다. 초여름의 날씨다. 낮에는 후덥지근해서 곤혹스러울 때가 많다.

그가 아파트 경비원으로 일한 지 벌써 일 년이 다 되고 있다. 오늘은 비번이어서 먼저 세상을 떠난 아내를 만나려고 좋아하던 과일과 음료수를 사들고 나와 함께 산소를 찾았다. 친구 아내의 유택은 그를 가다렸다는 듯이 파랗게 자란 풀이 손짓하는 것만 같다. 조그맣고 차가운 비석이 더욱 그를 슬프게 한다. 때이른 여름, 따가운 햇볕을 등으로 막으며 그는 아내에게 올렸던 캔맥주를 단숨에 마신다.

"당신은 이곳이 그렇게도 좋아?" 그는 비석을 째려보고 있는 자신의 얼굴에 맥주를 확 뿌린다. 어깨를 두드려주는 나에게 퇴직 후 걷잡을 수 없이 흔들렸던 마음을 내게 풀어놨다.

그는 2남 1녀의 다복한 가정을 꾸리며 살았다.

평교사로 40년을 근무하고 2년을 교감으로 근무할 즈음, 그에게 교장이라는 직책이 내려왔다. 교장으로 근무했던 D고등학교는 학생 수가 점점 불어나고 우수 학생도 많아 도처에서 평판이 매우 좋았다. 또한 두 아들은 좋은 성적으로 대학교를 나와 서울에 있는 대기업의 임원으로서 촉망받는 일꾼이다. 딸은 음대를 나와 외국유학의 길에 올랐다. 두 아들은 손자들을 대동하고 일주일이 멀다 하고 찾아온다.

한순간의 부주의로 그의 삶은 풍비박산이 나고 말았다.

조회 시간에 교감이 부연 설명을 했다.

협소한 급식소를 확장해야 하는데 학교예산이 턱없이 부족해서 관계기관의 도움을 요청했지만 관심 밖이었다. 지인을 통해서 알게 된 도의원이 몇 가지 서류만 제출하면 3억 원을 빌려준다는 솔깃한 얘기를 한다. 교감에게 모든 사항을 위임한 채 급식소 확장공사를 진행했다. 학생들과 편안하게 앉아서 식사를 했다.

얼마 뒤, 교감은 미국으로 이민을 떠났다. 그 뒤로 들리는 소식에 의하면 큰 식당을 경영한다고 했다.

그는 얼마 안 있어 P학교로 전보 발령됐다.

그의 책상 위에는, 전에 근무했던 D학교에서의 일 처리가 잘못됐다며 법원에서 보낸 참고인 출두 명령서가 놓여 있었다. 빈틈없이 살아왔다고 자부하던 그에게 소환장이 오다니 당혹할 수밖에 없었다.

선비였던 그의 아버님께서는 마루 위에 커다랗게 '진선지행眞善之行'이라고 써 놓으시고 그네들을 그 길로 이끄셨다. 가훈을 자랑스럽게 여기며 살아왔다. 경찰서에서 정해준 날, 죄지은 사람이라도 된 듯 굽실거리며 난생처음 조사실을 찾았다. 담당 경찰은 그를 죄인으로 취급하여 다그치기 시작했다. 주눅이 든 그는 그저 멍하게 볼펜을 놀리는 경찰관의 손마디를 쳐다봤다. 건장한 팔뚝은 마치 영화에 나오는 조직폭력배의 행동대장의 것처럼 굵다.

경찰의 질문이 계속된다.

"향응이 있었나요?"

"아니요. 하지만 식사 자리는 몇 번 있었습니다."

"선거에 개입했나요?"

"아니요, 그런 일 전혀 없습니다."

예, 아니요 몇십 번 반복한 뒤에야 귀가를 허락했다. 그 당시에 학교 서무실 직원들은 모르쇠로 일관되게 진술한 모양이다. 그의 힘이 돼 줄 것만 같았던 H교감도 미국에서 아무 말이 없다. 죄목은, 모 의원 후보에게 지지하겠다는 명목으로 5억을 받은 뒤에, 2억5천만 원은 학교급식소 개축에 사용했으며, 나머지 2억 5천만 원은 그가 착복했다는 내용으로 압축됐다. 그의 개인 도장이 돈 인수 란에 버젓이 찍혀 있었다. 몇 번의 상고기각으로 불명예스러운 퇴직을 하게 됐다. 교직생활 45년에 빨간 꼬리표가 달렸다.

긴 교편 세월 동안 그의 제자는 3천 명이 넘는다.

교단 위에서 학생들에게 '眞을 위해서 善을 말하며 행동에 과감하게 임하라.' 했던 그의 교육 방침도 위선이라는 미명아래 처참하게 일그러졌다. 그의 결백을 아는 아내는 당사자보다 더 고민과 갈등으로 소화기능이 망가지더니 급기야 위암 3기라는 판정을 받고 나서 석 달을 못 채우고 눈을 감았다.

경비실 전화기가 울린다.

"여보세요? 선생님, 저 명희인데요. 우리들 모여서 놀러 갈게요. 15일 저녁에 만나요." 제자들이 스승을 챙겨줄 모양이다.

경비실 앞 조그만 터에는 그가 심어놓은 어린 고추 모종이 자라고 있다. 그 옆에 있는 상추도 이슬을 머금은 채 누가 따 가기만을 기다리고 있다. 스승의 날에 그를 부르는 제자가 있어서 행복하다. 그날 저녁은 제자들 틈에 섞여 모든 시름을 달랬다.

원룸에는 제자가 가져다 놓은 붉은 딸기가 그를 기다리고 있다.

벽에는 '용서하며 살자.'는 문구가 훤하다.

그는 나의 은사 황영규 선생님이시다.

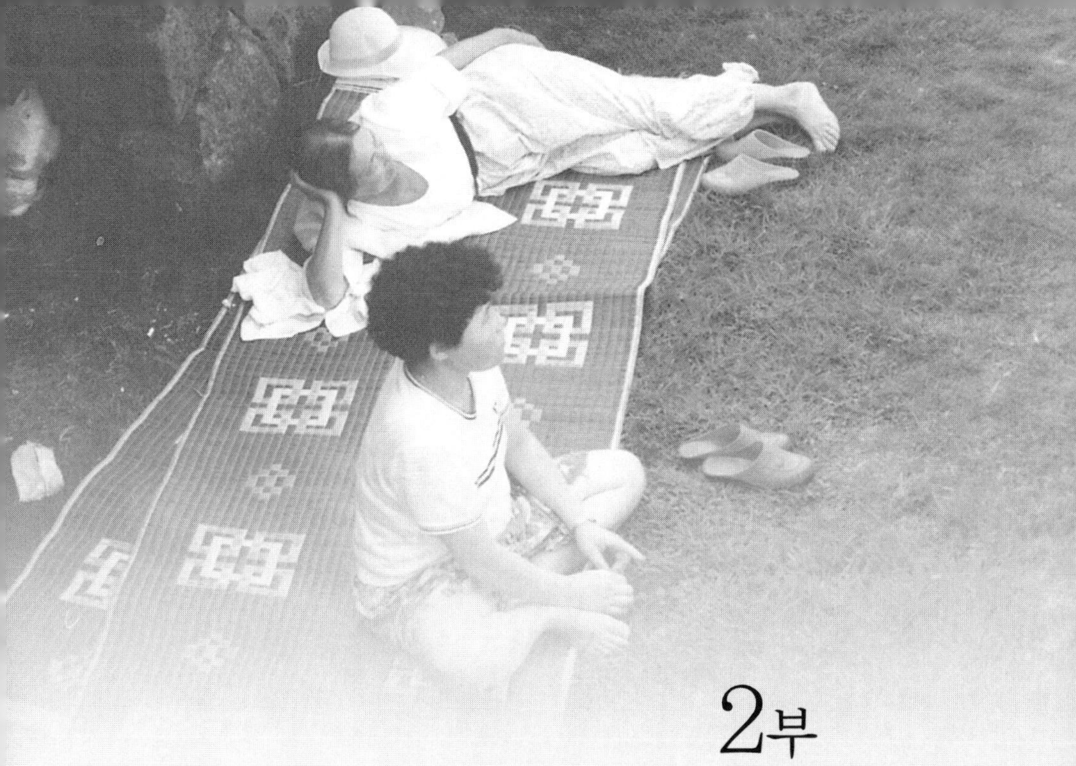

2부

60년을 함께 살아온 노부부는 쟁기질하듯이 밀고 당기면서 가난을 이겨내고 바람과 함께 묵묵히 세월을 지키며 아름답게 살고 있다. 먼 산을 바라보던 노인은 며느리가 사다 준 핸드폰을 만지작거린다.

쟁기질 추억

9월의 하순, 청명한 날 여행을 나섰다.

설악산 정기를 타려고 백담사를 거처 진부령을 돌아서 고수리를 거쳐 조금 떨어진 마을에 도착했다. 오후 들어서 햇살은 많이 누그러지고 바람결에 출렁이던 벼도 고개를 점차 숙이고 있다.

마을에 들어서자 개 짖는 소리만 들릴 뿐 사람의 모습은 보이지 않는다.

띄엄띄엄 집들이 보인다. 오붓함에 앞서 적막한 외딴 곳이다. 길가에는 겨우 사람이 지나갈 길만 남기고 퇴비를 널어 햇볕에 말리고 있었다. 그 퇴비 위를 암탉이 병아리를 데리고 다니면서 발로 긁으며 병아리들에게 벌레를 찾아 먹이고 있다. 이 마을의

개는 닭과 병아리를 지키고 있는지 닭을 보고도 개의치 않는다. 오히려 다른 마을의 개가 오면 짖어대며 닭을 지켜 줄 것 같다.

마을 안을 기웃거리다가 콩을 까고 있는 노파를 만났다. 인기척에 놀랐는지 노파가 먼저 입을 연다.

"뉘 시우?"

굽은 허리를 펴며 나를 물끄러미 쳐다본다.

다급히 할머니에게로 가서 자리에 앉혔다.

"할머니 이 마을에 젊은이는 없나요?"

"없어. 젊은이가 있어본들 이곳에서 뭐해 먹고 사노."

할머니는 콩깍지를 만지작거리며 먼 하늘을 쳐다본다.

할머니의 자식들은 삼척에서 어부 생활을 한다고 했다. 일 년에 서너 번, 그것도 제사 때라야 손자 얼굴을 볼 수 있다며 허전한 마음을 달래듯 부지런히 완두콩을 까신다.

한 시간쯤 지나자 중절모에 회색 두루마기를 입은 할아버지가 집에 들어왔다. 읍내 우체국에 가서 아들집에 감자와 호박을 부치셨다고 한다. 천 평 남짓한 밭을 일구어 거둔 농산물을 부치신 게다.

할아버지는 바삐 옷을 갈아입고 일할 준비를 하신다. 할아버지에게는 우마도 없었다. 밭을 일구실 때는 할아버지는 쟁기를 끌고 할머니는 굽은 허리로 쟁기 머리를 잡는다고 하신다. 소 대신 쟁기를 끄는 일이라 80이란 고령의 나이로 무척 힘든 농사

일이다. 내가 돕겠다고 나서자 한사코

"어이 가, 어이 저리가." 하신다.

팔을 걷어붙인 나를 보고는 빙긋이 웃는다. 아마도 못할 것이라는 눈치다. 도저히 그냥 돌아설 수가 없었다. 젊은 오기가 발동했다. 할아버지보다 한창 젊은 나이에 못할 것이 뭐가 있겠냐고 마음을 다졌다.

양 어깨에 끈을 질끈 매고 쟁기를 힘껏 당겼다. 할아버지는 뒤에서 쟁기를 이리저리 움직이신다. 이를 악물었다. 할아버지도 하시는 일이라며 힘을 내어본다. 땀이 비 오듯 쏟아진다. 10분을 일하면 5분은 쉬어야만 했다. 어깨가 떨어져 나가는 느낌이다. 하지만 하던 일을 그만둘 수는 없었다.

오후 늦게 새참으로 할머니가 감자를 쪄 오셨다. 구세주를 만난 느낌이다. 입에 단내가 나서인지 감자 맛이 달다. 소변 보러 가는데도 다리가 후들거렸다. 10m의 거리가 100m의 거리로 느껴졌다. 가물가물 현기증이 난다. 땅거미가 져서야 오늘의 일을 마칠 수 있었다.

할아버지는 내일도 나머지 땅을 갈아엎어야 씨앗을 파종한다고 했다.

저녁이 되자, 할머니는 자그마한 냉장고에서 아들이 보내줬다는 마른오징어와 담아 둔 막걸리를 주전자 가득 담아 오셨다. 고봉밥에 풋고추로 저녁상이 푸짐하다. 시골 노부부의 인심은 후덕했다.

저녁을 먹고 나자, 한사코 읍내로 가라시던 노부부는 나의 고집에 눌려 마루에 잠자리를 펴 주었다. 피곤함이 밀려와서 날이 밝아서야 잠에서 깼다. 할아버지는 언제 일어났는지 밭에 갈 준비를 하고 있었다. 어깨와 종아리가 뻐근해서 걷기도 힘들었지만 할아버지를 따라 나섰다.

그 후로 우리 집 거실 탁자 위에는 노랗고 큼직한 호박이 놓여 있다.

할아버지가 보내주신 호박이다. 하지만 해가 갈수록 걱정스러운 것은 할아버지의 연세다. 늦가을에 밀감을 보내면 할아버지는 감자와 호박을 보내온다. 그의 아들에게서 전화가 왔다. 내가 보낸 감귤을 아까워서 먹지 않고 자신에게 다시 보냈다는 것이다. 그 뒤로는 얼굴도 모르면서 안부를 전하는 사이가 됐다. 우리 집에는 할아버지의 아들이 보내준 건어물이 풍년이다.

할아버지는 올해로 84세가 되는 것 같다. 전화를 드렸더니 농사일을 못 하신다고 한다. 늦기 전에 찾아가 뵈어야겠다.

그때 소처럼 쟁기질하며 흘렸던 땀의 보람과 거름냄새의 추억도 찾아볼 것이다.

여인들의 삶

'어머니는 강하다.'라는 말을 한다. 그것은 자식양육 책임에 대한 욕구의 일환일 수도 있을 것이다. 지난날의 가정은 남자는 휴식의 공간이었고 여자는 행동의 중심이었다. 남자는 일에 지쳤을 때 집에서 쉬려는 경향이 있으며 또한 여자에게서 안식을 취하며 의존하려고 했다.

여자는 보답을 원치 않았으며 남자의 뒷바라지와 아이들 보살핌이 삶이 전부였다. 그것이 남자와 여자의 차이점이었다. 지고지순한 여자만을 강조하던 옛 선조들에 의한, 어쩌면 남자들이 만들어낸 여자의 삶이 아니었던가 싶다.

5~60년 전만해도 여자들은 직업을 가진다는 것은 생각하지도

못했고 오로지 일을 하고 집에 들어온 남편의 뒷바라지와 자녀 육성에 매달렸다.

그러나 현대에 들어서 남녀의 역할 분담이 정립되기 시작했고, 여자들도 가정으로부터 뛰쳐나와 치열한 경쟁사회 속에 참여하게 됐다. 그러다 보니 남자들의 자리가 흔들리기 시작했고 도리어 여자에게 밀리는 위기마저 오게 됐다. 하지만 여자들도 사회에서 생존을 위해 일해야 하고, 집에 오면 가사로 구속당한다. 여자들이 가사노동을 의무라고 생각을 하듯 남자들도 가사노동을 여자들의 책무라고 생각했었다. 상호 보완적인 남녀관계의 정립을 위해서는 남자와 여자와 협력하는 이해관계가 선행되어야 함이 여기에 있다.

몇 해 전 인도를 여행한 적이 있다. 그곳의 거리를 지나다 보면 구걸하는 아이들을 쉽게 만날 수 있다. 얼핏 보기에도 며칠은 굶었을 것같이 야윈 모습이다. 그것 또한 여아가 7~80%로 대부분을 차지한다. 인도에서는 남자아이는 매우 소중하게 여기는 반면, 여자아이는 하찮게 여기기 때문에 네 살 이하 영아 사망의 3분의 2는 여자아이가 차지하고 있다. 또한 여성의 인권 자체가 없는 거나 마찬가지이기 때문에 여자가 가지고 오는 결혼 지참금이 탐이 나서 다른 여자와 다시 결혼하고 싶어하는 남편이 부인을 죽이는 경우도 흔히 있다고 한다. 인도는 오랫동안 여성들을 천대해 왔기 때문에 여성 스스로도 자신의 가치를 그렇게 받아들였다. 따라서 이런 인도 여성들의 지금의 성공담은 우리에게 시사해 주는 바가 크다. 작금에 처해 있는 우리의 여성 인권이 조금은 나아졌다지만 다시 주시해 봄직도 하다.

아내는 불만이 쌓이면 남편 곁을 떠난다. 남편은 자신의 감성적, 정신적으로 위로를 받지 못하면 아내에게서 떠난다.

사대부 집안에서는 칠거지악七去之惡이라는 틀 속에 아낙네를 가두어 놓았었다.

여자들이 아이만 잘 낳아야하는 시대는 끝난 지 오래됐다. 역할 분담이란 공존의 분담이다. 당당한 여자들의 외침이 세상을 바꾸어 놓았다. 아낙이 수레를 밀어 주기만 하던 시대에서 수레를 당기는 시대로 접어들었다.

여자는 뇌의 감정 영역과 언어 신경영역체가 남자보다 수억 개가 더 있다고 한다. 이는 여자의 뇌가 감정을 보다 더 효과적으로 전달하도록 만들어졌음을 뜻한다. 반대로 남자는 행동신경 연결체가 여자보다 월등히 앞선다. 남자는 여자에게서 감성을 얻고 행동에 임해야 한다는 것이다. 그 결과 남자는 입을 다물고 문제를 해결하려고 하는 반면, 여자는 먼저 문제를 말한 후에 해결하려 한다. 또한 가족의 생계를 책임지는 것만으로 남자는 여자로부터 사랑과 존경을 받을 수 없다. 그것은 원시 부족민들의 생활방식이다. 경쟁의 사회이다 보니 삶이 싸움으로 변했고 또한 능력이 가족의 필요악이 됐다.

거리의 사람들의 바쁜 걸음걸이에서조차 섬뜩함을 느낄 때가 더러 있다. 조금은 여유를 가지고 뒤돌아볼 때다. 여자가 생존만을 위해 남자를 필요로 하던 시대는 끝났다. 인간은 서로가 서로를 위한 긴 여로의 테마인 것이다.

서양 영화에서 노부부의 춤추는 모습을 보노라면 부러움이 앞선다.

그들이 춤 속에서 밀고당김을 반복할 때, 두 톱니바퀴처럼 서로의 필요에 의해 맞물려 돌아감을 감지했다면 우리는 서로의 행복을 찾을 수 있을 것이다. 여자는 잉태의 위대함으로 남자는 포용하고, 남자는 너그러움으로 여자를 감싸안을 줄 알아야 한다.

고대 그리스의 철학자 '아리스토텔레스'는 "잉태보다 더 위대한 것은 존재하지 않는다."라고 했다. 다시 말해서 어머니란 태동의 모체인 것이다. 가정마다 가장 완벽하고 위대한 여성을 옆에 두고 있다는 것만으로도 행복하지 않을까? 또한 모자란 부분을 채워 줄 누군가가 옆에 있으면 얼마나 행복할까. 바로 당신 곁에 그 사람이 있다.

평생 동반자, 바로 그 사람이다.

스쿠버 다이빙

어린 시절, 나는 물에 대한 두려움이 많았다. 동네 바닷가는 개구쟁이들이 놀이터지만 또래 아이들과 달리 헤엄칠 줄 몰랐던 나는 물속에 들어가기보다는 물가에서 놀기만 했다. 그날은 멱을 감는 친구를 바라보면서 혼자 놀다가 이끼를 밟아 미끄러지면서 물에 빠지고 말았다. 허우적대며 점점 깊은 곳으로 휩쓸리다가 솟아 있는 바위에 걸렸다. 마침, 그물을 깁던 어부의 도움으로 그 위기를 모면했다. 며칠을 앓고는 다행히 원기를 회복했다. 지금도 그때가 생각나면 정신이 아득하다. 하지만 제주도에 살면서 바닷가를 무서워만 해서는 안 되는 것 아닌가?

스쿠버 다이빙을 배워서라도 바다를 알고 싶었다. 또한 해양 생태를 배우는 것도 보람 있는 취미생활이 될 수 있기에 동호인을 따라 나섰다.

다이빙 수업을 하려니 장비 구입 비용이 만만치 않았다. 특수 제품이라서 경제적 부담이 컸다. 아내의 협조가 절실했기에 만점 남편이 되겠다는 약속으로 허락을 받아냈다. 그러나 물에 대한 공포는 수그러들 줄 몰랐다.

동료들은 자기네 마당에서 노는 것처럼 바다 깊숙이 잠수하는데 나는 얕은 물속에서 버둥대며 통 속의 공기를 빠르게 소비하곤 하였다.

잠수해서 겁을 먹으면 호흡이 가빠져서 남들이 두 시간 쓸 수 있는 공기를 한 시간도 못 넘길 때가 있다.

그렇게 열심히 배워서 다이버의 첫 단계인, 오픈 워터(open water) 자격증을 땄다. 이 실력이면 입수해도 된다는 잠수 허가증이다.

제주도 해저는 용암 분출로 인한 천혜의 자원인 수중 암초가 아름답고 구로시오 해류의 지류인 '쓰시마 난류'의 영향을 받아 아열대성 해양생물이 다양하게 서식하고 있어 신의 밀실이라고까지 불릴 만큼 비경이기에 미지의 바다와 함께할 기쁨은 컸다. 특히 산호 군락과 어우러진 수중 절벽은 바다의 별천지였다. 어떤 곳에는 모자반 종류의 수천 그루가 어울려 거대한 켈프 숲을 이루고 있고 해저 암벽에도 꽃무더기로 장식한 연산호가 신비감을 더해준다. 이런 은신처가 있기에 멍게류, 양서류, 파충류, 어류에게 좋은 생육장이 되는 것이다.

차츰 물속의 환경에 적응되고 자신감이 생기면서 야간 해저 모험도 감행했다. 손전등에 비친 야간 해저는 천국의 궁전처럼 화려한 느낌이다. 마치 어머니의 품속같이 포근하다. 지구의 생명이 처음 탄생한 곳이 바다이기 때문이리라.

생명은 바다에서 진화하여 육지에서 살게 되었으며 지구의 표면을 약 71%를 차지하고 있으므로 지구地球라기보다는 수구水球라고 함이 더 적절할 수도 있다. 바다는 태양에서 쏟아지는 과다한 열과 빛을 온전히 흡수하고 생명체가 살아갈 수 있도록 조절하는 기능을 지녔기에.

바다의 조류에 몸을 맡긴 채 해초 사이를 오가는 어족들의 넉넉한 유영, 그 꿈결 같은 삶을 방해하는 것 같아 무척 조심스럽다.

다이버끼리 수手신호로 간단한 대화를 나누듯이 해저의 어족도 그들만의 대화가 있다. 의성어로 표현한다면 '띠띠' 하는 소리를 내면 맞은편 물고기가 '꾸룩, 띠리' 하는 묘한 소리로 대답하는 거다. 놀라서 도망칠 때는 이빨 가는 소리를 내는데 이런 것도 물결과 어우러지면서 해조음海潮音이 되는 모양이다.

20m의 수중 암벽 틈에 커다란 돌돔이 해초 잎을 입에 물고 눈을 뜬 채로 잠을 자고 있다. 돌돔 꼬리지느러미를 만지며 기념

촬영을 하는데 마침, 대왕 오징어도 친구하자는 듯 포즈를 취하고는 유유히 사라진다. 밤이라서인지 물고기들은 다이버들을 두려워하지 않고 오히려 손전등 불빛이 반가운 듯 주위로 모여든다. 게이지 눈금을 보니 수심 30m까지 내려와 있었다. 공기압도 많이 내려간 상황이므로 아쉽지만 안전상 수면위로 상승해야 한다. 상승할 때는 감압조절을 위하여 여유롭게 천천히 올라가야 한다.

얼마 전, 모 대학 해양학과 교수와 바다 생태계 조사차, 낚시터로 유명한 곳을 골라 해저를 조사했다. 한마디로 충격이었다.

낚시인들이 과도하게 뿌려 넣은 밑밥으로 죄 없는 해양 생물들이 죽어가고 있었다. 태풍으로 해류가 몸부림친다한들 덩어리로 변한 퇴적물은 쉽게 씻겨지겠는가? 자연적 회생 기간이 100년은 족히 걸린다고 한다. 인간이 저지른 행위가 후손에게 부끄럽기 그지없다. 오염된 곳은 그 흔하던 미역이나 감태만 드문드문 있을 뿐 전복이나 소라도 얕은 물속에선 거의 자취를 감췄다. 대신 백태가 낀 돌무더기에는 가시 성게가 군락을 이루고 있을 뿐이었다. 이미 우럭, 볼락 등 정착성 어류마저 거의 떠났고 대신 외유성 물고기 떼가 조류 따라 몰려들곤 하였다.

그러나 바다는 넓고 깊다. 제주해협 어딘가 한라산 높이보다 몇 배나 더 깊은 심해가 있다고 한다. 인간이 그 깊이를 탐방하였을 때, 거기에 백록담과 연결된 거대한 해저 용암 동굴이 용궁

인 양 펼쳐 있을 것이다. 비경으로 채워져 있을 그 동굴은 이어도를 찾아가는 해도일까?

미지의 대륙인 해양과 더불어 우주로 향한 인간의 꿈은 보다 나은 미래를 위하여 영원하리라.

불암사의 풍경소리

만나면 매우 의미가 깊어지는 사람이 있다. 그와 반대로 만나면 왠지 서먹서먹하고 불편한 사람도 더러 있다. 희방사의 보관 스님은 그냥 곁에만 있어도 복이 올 것 같은 그런 분이다. 깎은 머리지만 정수리가 유난히 고와서 마치 머리가 구름을 타고 가는 보름달 같다. 그는 언제부턴가 달 스님으로 통했다. 내가 지어준 호칭이다. 보관 스님도 그 호칭을 좋아한다. 동자승들은 아예 달 스님이라고 부르며 머리를 만지기도 한다.

3년 전 가을, 단풍이 붉게 물드는 무렵이다.

습관처럼 가을이 되면 계절을 타는지 어디론가 떠나고 싶은 충동에 스스로 발길을 내딛는다. 목적지에 집착하면 몸과 마음이 자유롭지 못하다. 그래서 목적지를 정하지 않고 여행을 즐기는 것이 습관화됐다. 출발해서 발길이 닫는 데가 도착지 겸 목적지인 것이다. 해는 산 너머로 기울고 있다. 가을바람에 흔들리는 풀잎은 벌레들의 장단에 춤사위로 일렁인다.

어느덧 시외버스는 영주를 지나 풍기에 들어서고 있다. 소백산 자락인 듯하다.

“기사님, 소백산이 멀어요?” 나의 물음에 버스 기사는

“저기 보이는 곳이 국립공원 소백산인데, 어디를 찾아요?”

“예, 그냥요.” 승객들이 일제히 나를 쳐다본다.

버스 승객들은 ‘날이 저무는데 산을 찾다니…….’ 하며 힐끗 쳐다본다. 옆자리의 아주머니는 삶은 옥수수를 비닐봉지에 싸서 주며 나중에 먹으라고 한다. 허름한 나의 행색이 동정을 일으켰는지 모르겠다.

귀뚜라미는 발길 따라 울고 있다. 회색빛 하늘이 잠시 어둠에 쌓이더니 점점 밝아 온다. 숲 속에 가려 있던 보름달이 나무 사이로 솟아나와 전신을 드러낸다. 아주머니가 준 옥수수를 꺼내어 시장기를 달랬다.

고운 달빛에, 바람도 한결 서늘하여 찌든 육신을 씻겨주는 듯 간지럽다.

시냇물이 흐르는 징검다리를 건너 계단을 밟으며 올라가니 커다란 바위가 병풍처럼 둘러져 있고, 그 옆에 촛불이 켜져 있는

조그만 암자가 보인다. 여기라면 밤이슬이라도 피할 수 있다는 안도감이 들었다. 달빛은 천막 안을 기웃거리며 나를 감싼다. 눈꺼풀이 무겁다.

얼마나 시간이 흘렀을까, 인기척이 들렸다. 누군가가 손전등을 비추며 조심스럽게 말을 걸어온다.

"보살님, 잠 깨워 미안하오만 저쪽 집으로 가서 주무시지요." 스님이 새벽 불공을 드린 뒤 암자에 공양을 드리려 왔다가 나를 보고 깨웠던 것이다.

뒤에 안 얘기지만 내가 잠을 잤던 곳은, 서산대사가 묘향산에 가기 전에 잠시 참선했던 자리라고 했다. 그 뒤로 그 자리를 '서산불암'이라 한다고 했다. 스님은 나를 데리고 '보물의 집'이라고 글이 씌어진 곳으로 안내한다. 방 안에는 아이들이 천진난만하게 자고 있었다. 의아해하는 나에게 스님은 "아이들이 보물이지요." 인자한 웃음으로 합장을 한 뒤 나에게 아이들 방 옆에 있는 요사채 방을 내어 주었다. 잘 정돈된 이부자리가 눈에 들어온다.

이때가 스님과의 첫 만남이다. 스님은 합장하며 말씀을 하신다.

"공空 속에 자비가 있으니 머무는 곳이 곧 삶이지요." 하며 내게 명함을 건넨다. 법명法名은 보관이라고 했다. 거기에는 두 줄의 글이 씌어 있었다.

'유有와 무無는 마음속에만 있지, 존재하지 않는다. 모든 것은 허상이다. 유有는 쫓아갈수록 멀어지고 무無는 가까이 할수록 흡

족해진다.'

풍경 소리에 홀린 듯이 동자승과 친분도 쌓을 겸 하루를 더 보내기로 했다. 깊은 산세는 몸치장이라도 하는 듯 오색단풍으로 곱게 물이 들었다.

스님과 동자승의 해맑은 웃음은 맑은 개울물소리와 많이 닮았다.

이튿날, 동자승들과 함께 개울가에 갔는데 그곳에는 뜻밖에 미꾸라지가 많았다. 스님의 허락을 받고 미꾸라지를 잡아왔더니 스님이 직접 추어탕을 끓인다. 아이들에게는 영양분이 필요하다면서 추어탕을 푸짐하게 떠준다. 한 양푼 받아든 나는 왠지 민망스러워 망설이고 있는데 스님은 한술 더 뜬다.

"보살님, 곡차가 있으면 좋겠지요?" 내 대답도 안 듣고 뒤뜰로 가더니 무언가를 들고 온다. 술병처럼 보였다. 부처님을 모신 법당에서 술이라니, 사양했지만 스님은 사발 가득 따라준다.

"이게 오백 년 전 서산대사가 비법으로 전한 오홍주라오."

다섯 가지 빨간 열매로, 알콜을 섞지 않고 발효시켜 만든 이 술은 중국에서는 술 중에 최고급 술로 명약이란다. 술에 강한 나도 얼굴이 화끈거렸다. 이 화끈거림은 내세來世의 두려움일까?

내 옆에서 장난치며 놀던 동자승의 웃음 속에는 잔잔한 그리움이 드리워져 있었다. 스님에게 넌지시 물었다.

"스님, 아이들은 부모가 없습니까?"

“있지요. 우리 모두가 부모인 게지요.” 스님은 합장을 하며 아이들을 보면서 다시 말을 잇기를

“업보에 매인 인연이지요.” 스님은 염주 알을 굴리고 있다.

천오백년 전 설총은 자기를 버리고 떠난 원효를 찾아갔다. 원망어린 눈길로 바라보는 설총에게 원효는 빗자루를 주며 마당을 쓸라고 했다. 만추의 낙엽은 쓸고 또 쓸어도 자꾸만 쌓여갔다. 설총은 자기를 버린 원효를 원망스럽게 바라본다. 허망한 짓이라는 걸 깨달은 설총은 외로운 눈길로 원효에게 고개를 조아린다. 원효는 “그것 또한 인연에 불과한 것을.” 설총은 그 자리에 잠시 주저앉았다.

원효는 길 떠나는 설총을 보면서 ‘헤어짐도 인연인 것을.’

‘결자해지結者解之’, 만나면 헤어지게 마련이다.

모든 이와의 만남의 소중함을 잃지 않으리.

희방사 처마에 매달린 풍경은 바람결에 인연의 불심佛心을 전하고 있었다.

나의 작은 행복

누구나 행복하게 살고 싶을 것이다. 하지만 자신이 행복하게 살고 있다고 자신 있게 나설 사람은 몇이나 될까? 인간의 욕망은 서야 할 곳에서 앉고 싶고, 앉아야 마땅함에도 눕고 싶어질 때가 있다. 그래서 자주 삶의 목표는 상향이나 하향조정이 불가피하게 된다. 결코 먼 미래를 염려한다면 자신의 집착만으로 행복이라는 파랑새를 찾을 수 있을까. 나는 가을밤 소나기 내리는 소리를 듣다가도 멋진 글을 쓰고 싶은 행복한 마음으로 가슴이 설렐 때가 있다.

밀감 밭 돌담을 손질하고 나니 모처럼 한가하여 육지로 여행을 떠났다. 목적지는 공항에 가서 정하기로 했기에 어렵지 않게 비행기 표를 사고 청주 공항에 내렸다. 여행 안내소에서 몇 군데 관광 명소를 소개받고 들뜬 기분으로 괴산에 있는 선비의 마을, 석천동石泉洞을 찾았다.

울긋불긋 코스모스가 피어 있는 꼬부랑길은 옛 선비의 자취가 남아 있는 듯 여유롭다. 계곡을 끼고 비탈길을 따라가다 보니 작은 봉峰이 병풍처럼 둘러 있는 산자락 앞뜰에 붉은 기와집이 오순도순 여러 채 모여 있다.

충청도 괴산에 위치한 이곳은 예스러움이 넘치고 먹물향기가 그윽하여 옛 선비가 모퉁이에서 마중나올 것만 같은, 풍광 또한 빼어난 산중이었다.

어느 집, 안채에서 한문 읽는 소리에 걸음을 멈췄다. 살며시 문을 열고 집안을 들여다봤다. 여러 학동이 앉아서 몸을 앞뒤 또는 옆으로 흔들며 열심히 글을 읽고 있었다. 머리를 길게 묶고 있어서 남녀를 구분할 수가 없었다.

잠시 후, 오전 수업을 끝낸 훈장의 말에 의하면, 소녀들은 천자문을 떼면 졸업을 하게 되며 가정형편에 따라 읍내로 나가서 공부를 한다고 했다. 소년은 이와 달리 소학과 대학 또는 사서삼경까지 배워야 한다는 것이다. 아직도 남녀교육 방식이 따로 있다니 의아스럽기도 했다.

산아제한을 강조했던 70년대, 결혼을 하면 면사무소 직원이 피임약을 직접 신혼가정에 배달했다. 우리 집도 예외는 아니었다. 면사무소 여직원은 콘돔을 가지고 와서 사용법을 설명하느라고 손가락에 끼우며 얼굴을 붉히기도 했다. 작은딸이 세 살이 되자 일주일에 한 번씩은 우리 집에 들렀다. 마치 성교육이나 다름없이 피임에 대하여 진지하게 설명했다.

그날도 내 귀가 시간에 맞춘 듯 눈에 익은 여직원이 문 밖에 서성이고 있었다. 콘돔 사용을 확인하고 사인을 받으러 온 것이다.

정부시책에 부흥하다 보니 고령화사회가 되었고 그 후로 인구가 급격히 감소했다. 하지만 뿌리 깊은 남아 선호사상이 남아 있는 사회라서 딸만 둘인 우리 가정은 곤혹스러울 때가 너무 많았다. 딸만 낳은 것이 죄인인 양 집안의 대소사가 있을 때에는 장남인 내가 아들이 없다는 것에 대해 후대가 끊겼느니, 족보가 통곡한다느니 하는 말들이 많았다. 아내는 친족들 앞에서는 항상 기가 죽어 있다. 모든 자리가 불편했다. 조금 있으면 아들 이야기가 나올 것이라는 생각에 주눅들기의 연속이다. 더욱이 아내는 시어머니의 차가운 눈총을 피할 길이 없었다. 그런 생각을 하면 아들을 낳고 말겠다는 오기가 없는 것은 아니지만 딸 둘을 잘 키우겠다는 일념으로 단산에 임했던 것이다.

어머니는 장남인 우리 집보다 동생 집을 더 자주 찾는다. 고추 달린 손자가 둘씩이나 있기 때문이다.

어린 시절, 아홉 자매가 밥숟가락으로 다투던 때부터 나는 합

당한 식구를 꿈꿔 왔는지 모른다. 하지만 혼자만의 생각으로 아내까지 힘들게 할 줄은 미처 몰랐다.

근래에 와서 호적법이 바뀌었다. 모 단체에서는 난리 법석이다. 어느 문중에서는 출가외인(여인)이 조상 전 보상금을 놓고 법정 다툼도 불사하는 세상이 되었다. 제사 명절은 아들 몫이라고 연막을 치면서까지. 삭막하다는 느낌도 들었지만 한편으로는 소외됐던 여성들이 속으로 품어왔던 반란이라는 생각도 든다. 당연한 권리라지만 순리를 먼저 찾는 것이 우선인 듯하다. 딸도 명절과 제사를 나누어 지내야 한다며 목소리를 높이기에는 아직은 마음 정리가 덜 된 느낌이다. 내실과 현실을 직시함으로써 남자의 권위와 여성이 자존을 살릴 것이다.

괴산 석촌동石泉洞에서 한시를 배우려던 마음을 접고 다시 동해로 떠났다. 고행 길을 찾아 오징어잡이 배를 3일 타고 역마살을 잠재웠다.

인생의 꽃점인 이순에 접어들면서 무엇을 더 바라겠는가.

사는 동안 글을 찾아 헤매는 꿈속의 나그네……. 이것이 사는 보람 아닌가?

한 마디씩 이어져가는 글귀를 볼 때마다 흐뭇함이 더한다.

작은 행복이 큰 보람의 길이기에 방랑도 나의 작은 행복이다.

나의 풋사랑 순연이

봄이면 집 마당에는 조팝나무 꽃이 만발하다. 대문 밖 가로수인 벚나무와 마당 돌 틈 사이에 있는 철쭉도 앞다투어 봄을 맞이한다. 창을 열면 알싸한 새벽공기와 함께 꽃향기는 지친 피로마저도 한순간에 확 풀어버린다. 벚꽃의 7일간의 향연, 꽃잎 떨어지는 그 아쉬움을 느끼며 꼭 40년 전의 아련한 기억이 떠오른다.

우리 집 뒤뜰에는 30년은 됨직한 벚나무 한 그루가 있었다. 3월이면 장을 담그는데, 4월 초에 피는 벚꽃은 원수덩어리다. 장을 담가놓고 맑은 날이면 항아리 뚜껑을 열고 햇빛을 쬐어야 장맛이 좋다고 한다. 그런데 꽃잎이 떨어지는 그 시기에는 창문도 열어 놓질 못한다. 바람 따라 흩어지는 꽃잎 때문에 마당을 비롯하여 집안이 온통 난장판이 되기 때문이다. 된장 항아리 뚜껑을 닫으라는 어머니의 성화에 뚜껑을 닫으려고 나왔다.

그 당시 이사왔다는 옆집을 바라보았다. 우리 집보다는 조금 높은 위치에 있어서 그 집을 들여다볼 수가 없었다. 이사 온 아저씨가 담 너머로 "너, 이 집 아들이니? 몇 살이지?" 나는 그저 시큰둥하게 "열두 살이요." 건성으로 대답했더니 "우리 순연이하고 동갑이구나. 친하게 잘 놀아라." 부탁처럼 말을 하고는 집안으로 들어갔다. 마음씨 좋아 보이는 그 아저씨는 동네 품앗이 일을 도맡아 하셨다.

우리 집은 제주시내에서 20여 리 떨어진 농어업을 겸하는 마을이다. 윗마을에는 소 먹는 물이 있어서 돌담으로 칸을 막아놓아 여름철엔 밭일을 마치고 남녀가 따로 목욕을 하곤 했다. 우리 마을 800여 세대는 학교 다니는 아이들이 400명이 됐다. 한 집에 초등학생이 2, 3명씩이나 되는 집이 수두룩했다.

얼굴이 동그랗고 하얀 피부에 눈이 큰 순연이는 남동생 둘을 데리고 내 뒤를 따라다녔다. 하굣길에는 가까운 밭에 들어가서 계절 간식인 수박, 참외, 고구마 서리는 항상 내가 맡았다.

6학년 마칠 때, 어쩐지 순연이는 웃음이 드물고 수심이 가득했다. 돌담을 곁에 둔 이웃인데도 순연이네 집에선 전과 달리 조용하다.

어느 날, 숙제를 하고 있는데 어머니께서 순연이네 집으로 찐 고구마를 가져가라고 하셨다. 순연이 엄마는 누워 있다가 고맙다는 말을 겨우 할 정도로 야위어 있었다. 머리맡에는 이름 모를 약들이 놓여 있었다. 말없이 나오는 나에게 순연이는 군인인 외삼촌이 줬다면서 연필 두 자루를 내밀었다. 고맙다는 표정을 지으며 순연이는 촐랑대는 강아지와 함께 문밖까지 배웅해 줬다.

다음날, 등굣길에 순연이와 학교에 같이 가려고 대문 안을 기웃거렸다.

어쩐지 집안이 어수선한 분위기다. 순연이 아빠가 "오늘은 순연이하고 동생들이 학교에 못 가니 어떻게 하지?" 하신다.

순연이는 같은 반으로 한교실에서 공부와 청소를 같이하는 단짝이다. 그러니 오늘 공부를 하는데 하루 종일 옆자리가 허전해서 견딜 수가 없다. 수업이 끝나자마자 집으로 달려갔다. 순연이 가족은 이삿짐을 챙기고 있었다. "순연아, 뭐하니?" 내가 부르자, 순연이의 큰 눈에서 눈물이 글썽인다. "응. 엄마가 많이 아파서 이사해. 이거……." 무언가 적혀 있는 종이쪽지를 나에게 준다. 순연이는 식구들과 함께 트럭 짐칸에 올라앉아 손을 흔든다.

아쉬움 때문인지 겨우 시동을 건 트럭은 자욱한 먼지 속으로 사라졌다. 나에게 주고 간 강아지는 떠나가는 주인을 쳐다보며 애처롭게 짖어댄다.

순연이가 건네준 쪽지에는 몇 글자가 씌어 있었다.

'성호야, 잊지 않을게.'

회사에서 채용된 신입사원 30명이 3주간의 고된 훈련을 받고 있다. 조직의 일원으로 엘리트 사원이 되기 위한 훈련이므로 남·여 구분이 따로 없다. 이곳에서 촬영이 있어서 나도 함께 참석하게 됐다.

교육이 끝나는 날, 퇴소식을 할 때 우수교육 수료자 시상식도 있다.

이날만큼은 부모님들도 참석한다. 또한 깜짝 이벤트로 커튼 뒤에 숨어 있는 자기 어머니 맞추기 게임이 있다. 사회자 손에는 교육생인 황인규란 이름과 그의 어머니 정순연이란 이름이 써진 카드를 들고 있다. 커튼 뒤로는 어머니가 잠시 숨어서 아들이 자기를 알아 맞추기를 기다리고 있다. 드디어 커튼 안에서 어머니의 목소리가 나오고 자기 어머니라고 우기는 수료자가 7명에 이른다. 그 중에는 황인규도 포함돼 있다. 잠깐 쇼가 진행된 후, 어머니의 호명과 동시에 황인규가 뛰어나오자, 객석에서는 환호가 터지고 그들 모자는 얼싸안는다. 그 여인을 보는 순간, 나도 모르게 '어? 어디서 많이 본 듯한 얼굴인데?'라는 말이 나왔다. 시상식을 끝내고서 자리에 앉은 나는 한참이나 골똘히 생각에 잠겼지만 얼른 기억이 떠오르지 않는다. 사진 촬영 후, 혹시 그녀가 나를 알아보지 않을까 해서 모자를 벗고 그녀와 가까운 곳에 앉았다. 그녀를 힐끗 쳐다봤다. 머리가 반쯤 벗겨진 중년 신사와 교육 수료생 황인규와 함께 얘기를 나누는 그녀의 모습이 보였다. 괜한 생각을 했나 보다 하고는 일어서는데 누군가 내 등을 두드린다.

"혹시, 성호 씨 아니세요?" 그녀가 조심스럽게 묻는다. "그런데, 누구시더라?" 대답을 망설이는 나에게 "나 순연이야, 순연. 몰라?" 그때서야,

"○○동에 살았던 순연이?" 기억 속에 남아 있는 동그란 얼굴과 큰 눈은 옛 모습 그대로다. 그녀는 남편이 옆에 있다는 것조차도 아랑곳없이 내 손을 꼭 잡는다. 남편이 다가왔다. 쑥스러워하는 내게 악수를 청하며 "조금 전, 집사람에게 이야기를 들었습니다." 나로서는 열두 살 때의 나의 첫 순정임을 고백이라도 하고 싶었는지도 모른다. 그녀의 남편은 할 일이 있는 척, 둘만의 자리를 만들어 주었다. 무슨 말이라도 해야만 하겠기에 "아들 황인규, 멋진 청년이야."

전혀 생각도 못한 말이 튀어나온다.

"나, 너 많이 좋아했어."

그녀 역시 뜻 모를 말을 한다. 우리는 그냥 웃기만 할 뿐, 아쉬운 시간이 자꾸만 흘렀다. 그녀의 남편이 아들을 데리고 우리 곁으로 왔다.

"언제 만나서 식사라도 같이 합시다."

서글서글한 그녀의 남편이 명함을 주면서 악수를 청한다.

"예, 다음에 뵙지요. 안녕히 가십시오."

아들 손을 잡고 멀어져가는 그녀의 모습에서 행복을 느낄 수 있어서 흐뭇했다.

잠시 후, 주지 못한 내 명함이 손안에 있음을 알았다.

벚꽃이 바람에 휘날린다.

장독대도 없는 마당에 우두커니 서 있는 나를 보고

"여보, 떨어진 꽃을 좀 쓸어줘요."

아내의 재촉에 화들짝 정신이 든다.

어디 갔다가 돌아왔을까…….

할머니의 조배기(수제비)

친구의 부탁을 받고 밭주인이 누군지도 모른 채 과수원 밀감나무 전정을 하러 갔다. 과수원은 너무나 깨끗하게 정돈돼 있었다. 밭을 보면 주인의 성격을 알 수가 있다. 주변이 어지러운 밭이 있는가 하면 어떤 곳은 너무 깨끗이 정돈돼 있어 전정한 나뭇가지가 떨어져 미안할 정도의 깨끗한 밭도 있다. 이 과수원은 너무 깨끗해서 밭주인에게 무척 관심이 갔다.

조금 후에 인기척이 있어 바라보니 80대 중반인 할머니가 오셨다. 많은 나이에도 불구하고 이 넓은 밀감 밭을 홀로 경영하신단다. 많이 힘들겠다고 생각했다. 그런데 그 할머니는 어디서 많이 본 듯한, 꿈에서라도 본 듯해 잠시 머뭇거리게 했다.

꼭 40년 전 일이다. 그때만 해도 밀감나무를 심으려면 가로 1미터, 세로 1미터, 깊이 1미터를 파서 퇴비를 넣고 흙을 덮은 후, 한두 달 기다린 후에야 그곳에 밀감나무를 심는다. 요즘은 포클레인을 동원해서 몇 시간이면 충분히 끝낼 수 있는 일이지만 장비가 없을 때여서 오직 동네 남정들에게 그 일을 맡겨야만 했다. 그때가 고등학교 졸업을 눈앞에 둔 68년 봄이다. 밀감나무 심을 구덩이 한 개 파는 데 값은 50원이었다. 하루 종일 부지런히 파면 친구들은 10여 구덩이를 팔수 있었다. 나는 땀을 뻘뻘 흘리면서 파야 기껏 8구덩이 정도를 팠다. 그때만 해도 시골에서 용돈 벌기란 쉽지 않았던 시절이다. 하지만 그 50원은 값어치 있는 대단한 돈이었다. 라면 한 개가 10원, 막걸리 한 주전자(1되)가 20원이다. 하루 일당이 500원 정도면 많은 금액이었다.

일을 하는 중간에 기다려지는 것이 새참이다. 힘든 일이라 허기도 달래고 휴식도 취할 수 있어 좋지만, 사실 그것만은 아니었다. 우리의 생각은 다른 곳에 있었다. 새참을 가지고 오는 아주머니와 항상 같이 오는 아가씨를 보기 위해서였다. 구덩이 파는 일은 정말 힘들었지만 속으로는 며칠만이라도 일거리가 그곳에 조금 더 있었으면 했다. 그때만 해도 내 친구들 가운데 애인 있는 친구는 한 명도 없었다. 그저 순박하기만 한 농촌 고등학교 때 친구들이었다.

그때, 아주머니가 새참으로 주셨던 조배기 맛은 지금도 기억하고 있다. 그 당시 아주머니는 바다의 해녀 상군(최고 수준의 해녀)이셨다. 그때 채취한 해산물(소라, 고동)을 넣고 만드신 그 조배기 맛은 지금 생각해 봐도 군침이 절로 돈다. '그때 그분이 여기 계신 할머니가 아닐까?' 내 예상이 맞는 것 같아 실례를 무릅쓰고 할머니 연세를 물어봤다. 85세라고 하신다. 20년 전에 남편을 먼저 저 세상으로 보내시고 혼자서 이 큰 과수원을 일구어 오셨다고 한다. 지금은 감귤나무도 어느덧 40년이 넘어 나무와 함께 할머니도 연세를 드셨나 보다. 밀감나무 뿌리의 주름살도 할머니의 주름살처럼 굽이굽이 곡절이 많아 보였다.

할머니는 이 밀감 과수원 수입으로 자식들을 대학교까지 졸업시키고 제주시에 번듯한 주택도 마련해 줬단다. 할머니는 나이가 많은 탓에 곶 물질(수심 얕은 곳)에서 하는 자맥질을 하신다고 했다. 평생 밭일과 물질로 부르튼 할머니의 손을 보니 무척이나 안쓰럽다. 할머니에게 이제는 좀 쉬시라고 해봤다.

"놀민 손지에게 줄 돈이나, 나 쓸 돈은 누가 주느니?" 하신다. 또 한평생 크고 작은 일들로 아프실 겨를도 없었다고도 하셨다.

나는 안쓰러워 딴청을 피우는 양 콧잔등을 괜스레 만졌다. 마침 삼나무 위에선 까치가 몇 번 울더니 멀리 날아갔다.

과수원 나무 전정을 하던 중에 "할머니, 조배기 안줘요?" 해봤다. 뜬금없는 내 얘기에 할머니는 무슨 얘기를 하느냐는 듯 쳐다본다.

"옛날 여기 나무 심을 구덩이 팔 때, 할머니가 해주신 조배기 맛있게 먹었었는데……." 할머니께서는 반색을 하며 하는 말이,

"옛날엔 영감이 하도 가루음식을 좋아해서 우리 먹는 음식을 생각 없이 그냥 대접했는데."라며 쑥스러워 하신다.

"그 조배기가 얼마나 맛이 있었는데요."라며 응석을 부렸다.

다음날, 할머니는 큼직한 그릇에 가득 떡국을 새참으로 준비하셨다. 원래 떡국은 가래떡에 소고기를 조금 넣고 만든 평범한 맛이다. 그런데 할머니가 가져오신 떡국은 오븐자기와 보말을 첨가한 별미 떡국이다. 식을까 봐서 현장에서 손수 끓이셨단다. 맛있게 먹으면서 분위기를 엿보고는, 그때는 아가씨였던 할머니의 따님 얘기를 슬며시 꺼냈다.

"따님은 어디 사세요?" 할머니는 기다렸다는 듯이 근황을 들려준다. 제주시에서 유명하다는 장터 거리에서 손칼국수 장사를 한다고 했다. 할머니가 일러주신 상호를 기억했다가 집사람과 같이 찾아갔다. 손칼국수를 먹으면서 이제는 중년이 넘은 아주머니를 슬쩍 바라봤다. 아직도 예쁜 모습이지만 조금은 쑥스럽다. 아내의 멸치 국수 요리솜씨도 내가 인정하는 일품이다. 그런 아내가 이 집의 국수 맛을 칭찬한다.

집에 오는 길, 아내는 뒤를 돌아보더니 그 손칼국수집 간판을 눈여겨보는 듯하다.

늙은 어부의 일상

어디선가 닭이 운다. 새벽잠을 접은 노인은 천장에 매달려 있는 전구를 켠다. 흔들리는 전등불이라 담배를 찾느라고 방바닥을 더듬는다. 해수병을 앓느라고 밭은기침을 한다.

아들 내외는 노인에게 담배를 끊으시라고 끈질기게 권하지만 대답은 건성이다. '90이 다 된 늙은이가 담배 끊고 오래 살면 니들 고생만 시키는 거여.'라며 독백에 가까운 말투로 거절해 왔다.

냉장고를 열고 며느리가 넣어둔 김치를 꺼내고 부지런히 아침 식사를 한다. 노인은 집이 바닷가 곁이라서 파도 소리만 들어도 하루의 일기 정도는 방안에서도 훤하다. 대문 밖에 서면 한라산이 훤히 보이고 등 뒤로는 수평선이 걸린다. 눈을 들어 뒤뜰과 동구 밖을 바라본다. 한라산 허리에 구름 띠가 형성되면 그날 저녁에는 비가 오고, 노을이 붉으면 이튿날은 바람이 분다는 징조다. 노인의 일기예보는 경험으로 습득한 지혜이기에 거의 정확하다.

'음 하늬바람(북서풍)도 불고 허니 며칠은 날씨가 괜찮겠는걸.'

노인은 촐랑대는 강아지에게 사료를 넉넉하게 주고 서둘러 낚시도구를 챙긴다.

노인에게는 조그만 똑딱선이 있다. 노인처럼 늙어가는 배라서 언제 어떻게 고장날지 모르는 오래된 배라서 마음놓고 멀리 낚시는 못 간다. 바람이 조금만 불어도 배를 띄울 수가 없다. 지난 시절, 노인은 낚시가 생업이었지만 지금은 소일거리로 낚시를 즐긴다. 그래서 낚이는 고기는 가까운 바다에서 잡히는 놀래기, 볼락, 우럭 정도가 전부다.

오늘의 물때를 확인한 노인은 낚시 도구를 챙긴 후, 바닷가 언덕에 앉아 담배 연기를 내뿜는다. 천천히 자갈 위를 걸어서 백사장으로 내려간 노인은 오늘 쓸 미끼를 잡으려고 모래를 헤집는다. 몇 년 전만해도 골갱이(호미)를 들고 한 시간 정도만 모래를 뒤적이면 하루 쓸 분량을 충분히 잡을 수가 있었다. 지금은 바닷가에 오염이 심각해서 그런지 미끼 잡기가 어렵다.

다양한 고기도 낚을 겸 근처 낚시점에서 크릴새우를 돈을 주고 마련했다.

오늘은 고급 어종인 우럭을 낚아볼 심산인가 보다. 포구에는 벌써 많은 사람들이 나와 있었다. 낚시하러온 사람도 있었지만 대부분은 바닷가로 놀러온 사람이 더 많았다.

"할아버지, 많이 낚으세요." 동네 청년들의 반가운 인사에 노인은 웃음으로 답할 뿐 대답을 하지 않는다. 이것은 어부들의 불문율이다.

능숙하게 배에 오른 노인은 주섬주섬 배 안을 정리하고 엔진에 시동을 건다. 오랜 세월을 함께하였기에 마치 자기 몸처럼 속속들이 알고 있어 배를 다루는 노인의 편안한 모습에서 오랜 관록을 엿볼 수 있었다. 바다 위에서 노인은 마을 가까운 오름을 바라본다. 현재 배가 있는 위치를 파악하기 위함이다. 오름을 기준으로 방향을 가늠하고 삼각으로 계산해서 현재의 배 위치를 정한다. 목적지를 확인한 노인은 서서히 닻을 드리우고 담배를 꺼내 문다. 잊지 못할 아픈 추억이 뿌연 담배연기 속에 가물거린다.

50여 년 전, 노인은 이 똑딱선보다 조금 더 큰 배를 타고 친구와 갈치를 낚으러 먼 바다로 나갔다. 둘이서 노를 힘껏 저어 갈치 바다에 도착했다. 부지런히 고기를 낚고 있는데 점점 풍랑이 심하게 일더니 희미한 석유등을 위태롭게 흔들며 파도가 배를 덮치고 있었다. 서둘러 돌아갈 채비를 했건만 흔들리는 배 위에서 친구는 중심을 잃고 노를 놓치고 말았다.

일엽편주一葉片舟, 두 노인이 타고 있는 배는 거센 파도에 위태롭게 떠다니고 있었다. 몇 차례 큰 파도가 밀려왔다고 생각하는 순간, 친구가 외마디 소리와 함께 배 위에서 사라졌다. 파도 소리만 들릴 뿐, 친구를 찾을 방법은 아무것도 없었다. 캄캄한 바다 위에 홀로 남은 노인은 두려움과 추위에 떨고 있었다. 언제 뒤집힐 지 모르는 위태로움만이 노인을 압박했다. 집에 있는 가족들이 생각났다. 가늘게 불러본다. "여보!" 긴장한 탓인지 의식이 흐려지며 졸음이 왔다.

눈을 떴을 때는 사람들이 웅성거리고 자신의 몸이 두터운 이불로 덮혀 있음을 알았다. 다행히도 지나던 배가 노인을 살린 것이다.

먼저 떠난 친구를 그리던 노인은 담배 연기가 눈에 들어갔는지 눈을 비빈다. 눈자위가 붉다. 오늘은 예상 외로 많은 고기를 낚고 있다. 옛날의 악몽의 되살아나는 듯 노인은 혼잣말로 중얼거린다.

'그날도 갈치가 많이 낚였었지, 너무 욕심을 내서 먼 바다로 나간 것이 화근인 게야.' 혼자의 중얼거림이 잔파도에 묻힌다.

배 안 뒤쪽 칸에는 낚인 고기가 수북하다. 만족한 듯, 노인은 드리웠던 닻을 올린다.

마을 포구에 도착한 노인은 배를 청소하면서 느긋하게 고기 사러 오는 사람들을 기다린다. 고기 흥정은 쉽게 끝이 난다. 돈은 주는 대로 받기 때문이다. 그것이 노인의 고기 파는 방법이다. 바구니 속에는 며느리에게 줄 반찬거리며 술 안줏감으로 싱싱한 우럭 몇 마리가 아가미를 벌름거리고 있다.

집 앞 길목에서 강아지가 뛰어나와 노인을 반긴다.

'모레는 마누라 제삿날인디, 내일도 날씨가 좋겠구먼.'

해풍에 그을린 노인의 얼굴엔 먼저 가신 할머니의 웃는 모습이 겹쳐 있다.

노인은 옆집 아저씨이다.

가고픈 섬 가파도

유인도有人島 중에 가장 낮은 섬 가파도, 언제 보아도 그 섬은 다정다감하며 27만 평의 넓은 들에 물결치는 청보리 율동은 마음에 안식을 주기에 충분하다.

모난 곳 없어 정 맞을 곳이 한 군데도 없는 섬, 곳곳에 수석들을 모아놓은 것 같은 정다운 밭담도 풍경을 더욱 조화롭게 하고 있다.

어느 장인이 빚어놓은 걸작인가. 편안히 살아서 가슴 깊이 숨을 들이마실 수 있는 장수의 섬, 가파도.

원시의 바다 한가운데 앉아 있는 섬. 바람과 구름이 머물다가 철새들과 노니는 여흥을 섬은 반기고 있다. 새롭게 펼쳐지는 파도와 물결 위의 물새와 해맑은 사람들이 함께 살고 있다.

모슬포 해안을 훑던 바람은 파도를 일으켜 바닷속을 정화시키고 물결에 밀린 바람은 옷깃을 흔들며 우리의 마음을 다스리고 구름을 띄운다. 이런 흥취가 견디기 어려워 힘겨웠던 세태世態도 추억인 양 노래가 절로 나온다.

현실의 짐을 벗어버린 사람들의 미소는 부처와 같고 모나리자의 웃음처럼 신비롭다. 인정이 넘쳐 고향에 돌아온 듯 포근한 섬, 순수를 알 것 같다.

제주 해협을 건너는 구름도 잠시 머물다 간다는 가파도의 해운사海雲寺, 나지막한 집에 마련된 불사佛舍의 부처는 자비로운 눈길로 희로애오욕의 번뇌를 여쭈신다.

'부처님, 이곳에서 무엇을 하고 있나요?'

'자기를 잊은 자者에게 자기를 찾아주기 위해서니라.'

부처님의 엷게 다문 입술에서 자비로운 미소가 보인다.

'잊은 나를 어떻게 찾아야합니까?'

'앞을 보지 말고 네 뒤를 돌아보면 찾을 수 있느니라.'

삼 배의 절을 하고서 나오는 나에게 문 밖까지 시선을 보내주신다.

스님이 가꾸어 놓은 마당 한쪽, 조그만 연못에 연꽃이 서로 손을 잡고 향기를 내뿜으며 손님들을 반긴다.

뒤뜰에서는 갓난 고양이새끼들이 어미와 함께 나그네와 숨바꼭질을 하다가 종종히 길 따라 앞선다. 가파도 올레길로 우리를 안내하려는가. 외롭지 않은 섬임을 반증이라도 하듯 까만 바위와 어우러져 고양이 행진도 앙증스러웠다.

바닷물에 맨발을 담갔다. 시원한 느낌이 유별나다. 작은 고동들이 나그네의 발가락을 간지럽게 한다.

청백리로 유명한 황희(1363~1452) 정승은 친구가 제주도로 유배되자 그를 그리워하며 서신을 보낸다. 서신에는 '보름달이 뜨거든 바닷가에 앉아 발을 물에 담그고 달을 바라보면서 대화를 하자.'라는 것이다.

뜻인 즉, 물에 발을 담그면 서로의 체온이 통할 것이요, 달을 쳐다보면 서로의 얼굴을 볼 수가 있다는 것이다.

마포 나룻가에서 황희 정승의 발을 담갔던 물이 가파도까지 전해오는 것일까. 발끝에서 전해오는 물의 감촉이 옛 정취인 양 그리움이 물씬 묻어온다.

돌 하나 풀 한 포기도 정감이 넘친다. 이곳의 파도소리는 음률이 다르다. 그래서 가고파서 가파도라 했는가. 억센 파도를 묵묵히 견디며 지킨 인정과 사랑이 숨 쉬는 안락의 섬이다.

특히 이곳, 청보리밭 물결 사이로 뜨는 일출과, 지는 저녁노을을 보며 찬탄과 함께 울렁이는 가슴을 부여안은 나는 무엇을 말해야 하는가.

북쪽에 위치한 명물 수석, 앙증맞은 형상의 '고냉이(고양이)돌'

은 자리를 뜰 수 없게 한다. 뭍으로 떠난 주인을 기다리다가 끝내 돌이 되어 버렸다는 애틋한 전설의 돌이다. 해안엔 용암으로 불타던 돌들로 깔려 있어 어디를 둘러보아도 수석이 아닌 것이 없을 정도다. 섬 전체가 수석관이다.

천혜의 자원인 공기는 어떠한가. 사람은 한 시간에 약 10kg의 맑은 공기가 필요하다. 이곳 공기를 돈으로 계산하면 한 사람이 시간당 약 18,000원어치를 소비한다. 엄청난 부富와 행복이 여기에 있다 해도 과언이 아니다.

뼈가 저릴 만큼 섬을 찾은 기쁨이 크다. 그 누구라도 가파도에 들어가면 아름다운 가파도가 된다.

곳곳에 선사시대의 고인돌이 남아 있다. 불현듯 알 수 없는 목소리가 들려온다.

'여보, 고기 많이 잡아와요.'

탐라시대에 뗏목 타고 고기사냥 나가는 남편을 배웅하는 아기 업은 아낙이 보인다.

3부

바람이 구름을 몰고 있다.
언제, 어느 곳에
구름이 머물고 바람은 쉬어 갈 수 있을 것인가.

바람아 구름아

열대야 현상으로 제주도 여름밤은 8월을 실감나게 한다. 더위에 지친 제주 사람들은 바다 경치가 빼어난 사라봉을 찾는다.

제주시 동쪽 해안으로 사라봉과 연결된 별도봉. 경관이 빼어나서 산책로도 아름답기로 유명하다. 특히 바다가 보이는 해안 산책로는 해송이 뿜어내는 은은한 솔잎 냄새와 들꽃의 향기로 마음까지 상쾌해진다. 곳곳에 놓여 있는 의자는 잠시 앉아 휴식을 취기에 충분하다. 사라봉에서 바라보는 낙조는 출어선의 만선 기원의 조명인 듯, 바다를 주황빛으로 드넓게 물들인다.

예로부터 제주도를 대표하는 풍광으로 '영주십경'이라고 일컫는다. 그 중 석양으로 유명한 사봉낙조沙峰落照를 바라보는 기쁨은 제주시에 사는 시민으로서 자부심을 갖기에 충분하다.

노을 지는 언덕, 산책로에서 누군가가 힘겨운 소리를 낸다. 돌아보니 어린아이를 등에 업고 어렵게 걷고 있는 여인 뒤에 열 살쯤으로 보이는 소년이 지팡이에 몸을 의지한 채 힘겹게 걸음을 떼고 있다. 야무지게 입을 다문 채 걷는 걸음마다 신음 소리가 들린다.

도와주고 싶어서 "같이 갈까?" 하고 손을 잡아 주려는데,

"아니에요, 오늘은 저 혼자서 한 바퀴 돌아볼 거예요." 이마에 맺힌 땀방울만큼이나 소년의 결심이 확고한 것 같다. 그 용기가 가상하여 한참이나 소년의 뒤를 따라 가던 중에 문득, 예전에 소식이 끊겨 어떻게 사는지조차 알 수 없는, 지금은 청년이 되어 있을 석현이의 모습이 떠오른다.

꼭 15년 전이다. J신문에 '불우아동 자매결연'이라는 문구가 있었다.

전화로 신청을 했더니, 며칠 뒤에 열 살 된 윤석현이라는 소년의 간단한 신상소개와 사진이 담긴 봉투가 우편으로 배달됐다. 석현이 할머니와 전화로 인사를 나눴다. 85세인 할머니는 석현이의 유일한 가족이다. 그 뒤로 매달 정기적인 통신으로 대화를 나누다가 나중에 만났다.

할머니는 건강했다. 할머니는 석현이 자랑에 시간이 가는 줄

도 모른다. 차츰 석현이의 신상에 대하여 구체적으로 알게 되었다. 석현이 아버지는 막노동을 하다가 사고로 숨졌고, 어머니마저 가출했다고 한다.

그때가 석현이 다섯 살이 되던 해, 할머니가 힘겹게 키우고 있는데 설상가상으로 석현이는 소아마비를 앓았고 왼쪽 손과 발이 불구가 되었다. 할머니마저 고령이라 품앗이 일도 못하고 몸져눕는 시간이 길어졌다. 이토록 어려운 생활을 하던 중에 나와 인연이 된 것이다.

우리 가족과 만난 지 3년이 흘러 석현이도 초등학교를 졸업하고 공부도 잘해서 명문 ㅇ중학교에 입학했다.

어느 여름휴가를 석현이와 함께 보냈다. 해맑은 석현이는 오히려 우리 가족에게 정겨운 삶의 교훈을 주기도 했다.

석현이는 장애인임에도 불구하고 물놀이를 무척 좋아했다. 물속에서는 몸이 훨씬 자유스럽기 때문일까. 한층 밝은 웃음과 맑은 목소리로 집사람(아내)에게 어머니라고 부를 때는 석현이를 사랑하는 보람이 더욱 컸다.

그렇게 석현이는 어느새 가족의 일원으로 우리 곁에 함께 있었다.

중학교 2학년, 단풍이 곱게 물들던 늦가을에 석현이 할머니는 노환으로 돌아가셨다. 석현이의 얼굴은 수심으로 가득했다. 다행인지 불행인지 먼 외가에서 석현이를 서울로 데려간다고 하였다. 단출한 우리 가정으로서는 입양하고 싶은 마음이 간절했지만 쉬운 일이 아니었기에 차마 말을 꺼낼 수가 없었다.

나를 바라보던 석현이의 눈에는 눈물이 방울방울 맺혀 있다. 석현이 할머니의 장례를 마치고 전학 수속을 마친 후, 배를 타고 떠나는 석현이는 우리와 헤어지기 싫은 듯, 몇 번을 뒤돌아본다. 출항을 알리는 뱃고동 소리가 그렇게 슬픈 줄 그때서야 알았다. 연락선이 멀어질수록 내 가슴은 아렸다.

그렇게 수평선 너머로 석현이는 떠나갔다. 우리 부부는 서로 며칠 동안을 말없이 지내야만 했다. 그동안 만나왔던 토요일이 되면 석현이가 '아저씨!' 하며 부르는 것 같은 환청에 시달렸다. 꿈에도 자주 나타났다. 정을 져버린, 어리석음을 알았을 때에는 이미 돌이킬 수 없는 운명이 된 뒤였다.

내게도 IMF라는 태풍이 몰아쳤다. 어려움이야 어찌 말로 다하랴. 하지만 고통을 감싸면서 가족의 귀중함을 일깨워준 알찬 경험이기도 했다.

위대한 성자들이 남긴 것은 재물이 아니라 '아름다운 삶'이었다.

금세기 철학자 '칼릴 지브란'은 "인간이 필요로 하는 정도를 넘어서는 참된 부富는 존재하지 않는다."라고 했다.

부富를 위해 마음을 잠그는 어리석음은 순간을 위해 영원을 버리는 것이리라. 바다처럼 파란 마음으로 힘들어하는 사람들과 손잡고 싶다.

모성애

늦은 봄, 구름이 한가롭게 떠다니고 있다. 그냥 어디론지 덩달아 나도 떠다니고 싶은 충동이 인다. 산으로 가야 제격이련만 오늘이 음력 14일로 바닷물 간만의 차이가 심한 때라 바다를 택했다. 많은 사람들이 가족끼리 혹은 이웃끼리 서로의 정을 나누듯이 토닥이며 바다를 찾았다. 나는 조금 떨어진 곳에서 투명하게 채색된 바다의 혼에 빠져들었다. 바닷물에 발을 담그고 시원함을 느끼며 해초를 헤치고 돌을 뒤집어도 소라는커녕 고동 하나 보이지를 않는다. 하지만 여기저기서 문어니 소라니 하며 떠드는 소리가 나를 더욱 들뜨게 한다. 그러다가 맨손으로 갈 때는 해산물 체취에는 별로 신경을 안 쓰기 때문이라는 것을 스스로 자인한다. 그저 비릿한 바닷바람과 잔파도의 추임세가 좋아서 왔다.

한동안 보물찾기의 보람도 없이 시린 발 털며 일어서려는데 종아리 깊이의 물밑 돌 틈에 꿈틀대는 그 무엇인가 있다. 두근거리는 마음으로 들여다보니 거기엔 커다란 문어가 잔뜩 움츠린 채 꼼짝도 않고 있다. 덥석 잡으려는 순간, 무언가에 홀린 듯 가던 손이 멈췄다. 어미 문어가 하얀 구슬 같은 알들을 빽빽하게 암벽 바위 틈에 걸어놓고 그걸 지키고 있는 게 아닌가. 이걸 어찌한다? 누가 보면 가만두지 않을 것 같아서 괜한 조바심이 났다. 그렇다고 그냥 집으로 올 수도 없다. 살며시 만지작거리자 슬슬 움츠러들더니 두 눈을 껌뻑이며 애처로이 모른 척해달라고 애원하는 것 같다.

물결에 흔들리는 알들은 어미 문어로부터 쉼 없는 산소 공급을 받으며 성장해 간다. 해초는 그들을 감춰주기 위해 요리조리 흔들리고.

문어는 일 년밖에 못 산다. 그래서 암컷은 일생에 단 한 번, 1만여 개의 알을 낳고 약 1개월 동안 먹지도 않고 계속 산소를 알에게 공급해야 하기 때문에 알에서 새끼가 부화할 때쯤이면 체중이 현저히 떨어지고 끝내 기력이 다해 죽는다.

우리 동네에 꽤나 알려진 사냥개가 있었다. 예전에는 오소리 사냥이 성행했고, 들에 가면 한 마리 정도는 거뜬히 사냥했다.

개가 오소리 냄새를 맡고 오소리 굴을 찾으면 사람은 굴을 먼저 넓게 헤집고 개를 들여보낸다. 개는 으르렁대며 오소리를 제압하며 사냥이 시작된다. 당황한 오소리는 갈팡질팡하다가 개에게 물리는 것이 오소리 사냥이다.

그런데 그날은 뜻밖의 상황이 벌어졌다. 돌진했던 사냥개가 구멍에서 후퇴하며 꼬리를 사리는 게 아닌가. 주인은 사냥개를 나무라며 공격하라 다그친다. 사냥개는 거의 울고 있다. 개 주인은 난색을 표하며 오늘 오소리 사냥은 포기한다는 것이다. 이유는 이러했다. 오소리는 새끼를 키우고 있었고 새끼 있는 어미 오소리는 결코 항복하지 않고 목숨을 걸고 대항한다. 그런 오소리에게 사냥개는 정면으로 공격하지 못하는 것이다.

사냥개는 기회를 엿보다가 후면 또는 측면으로 공격을 해야 한다. 하지만 새끼가 있는 오소리는 정면에서 죽기 아니면 살기로 승부하기 때문에 결국은 오소리가 승리를 하는 것이다. 그 오소리의 날카로운 발톱을 당할 사냥개는 없다. 사냥개 얼굴이 마구 할퀴어져 있고 눈꼬리는 피로 얼룩졌다. 사냥에 실패한 사냥꾼은 기분이 상할지 몰라도 나는 마냥 고소하기만 했다.

며칠 후, 호기심이 발동한 나는 그곳을 다시 찾아가 보았다. 다행히도 오소리 식구가 이사갔다는 걸 알았다. 오소리 가족의 행복을 빌면서도 새삼스럽게 인간의 잔인함에 부끄러움을 느꼈다. 허나 오소리 구멍에는 털이 간간이 묻어 있어서 개한테 물린

상처가 크면 어쩌나 하는 걱정이 앞선다.

위태로움을 모성애의 위대함으로 극복하는 미물微物들의 행위는 경이로움 그 자체로 인간에게 무언의 교육을 주기도 한다.

일렁이는 파도는 조금씩 만조대로 바뀌어 안심대安心帶(문어가 숨을 수 있을 정도의 물 높이)까지 물이 밀려왔다.

다음날도 문어 눈과의 대화와 문어 지킴이로 바뀐 생활이 싫지만은 않았다. 10여 일 후인 다음 간조대干潮帶에 그곳을 찾은 나는 할 말을 잊은 채 멀거니 그 자리에서 죽어가는 문어를 볼 수밖에 없었다. 투명 유리 구슬을 깨고 나오고 있는 새끼 옆에는 숨쉬기조차 힘들어하는 어미 문어가 새끼들에게 마지막 산소를 넣어주고 있었고, 알을 까고 나온 문어새끼들은 어미 곁을 맴돌다 물결 따라 흩어지고 있었다. 끝내 나를 보고 있던 어미 문어의 큰 눈은 힘없이 감기고 말았다.

아! 여명黎明의 물결이여…… 어미의 모성애母性愛여…….

어미 문어는 마침내 물결에 밀려 이리저리 뒹굴다 어디론가 떠밀려갔다.

바위에 잔잔히 부딪치는 파도소리는 어미 문어의 자장가인가.

그곳에 가면 내 눈에 찍힌 어미 문어의 모성애가 보인다.

감성感性의 회초리

맹모삼천지교孟母三遷之敎, 현 사회의 자녀교육 열기와도 견줄 만하다. 요즘은 1세대 1자녀이고 보니 귀한 자식, 남들에게 뒤떨어질세라 노심초사勞心焦思, 자녀교육에 온 힘을 기울인다.

학교에서는 교사들의 학생 체벌에 대한 이야기가 매스컴을 통해 심심찮게 들린다. 제자를 체벌한 교사의 징계에 대해서도 우리의 눈살을 찌푸리게 한다. 옛날의 공부는 품성品性 교육이 수학修學교육보다 우선이었다.

1950년대에 공부했던 사람들은 선생님이 무서워서 그림자조차도 가려 밟았다. 잘못하면 매 맞는 것은 당연지사다.

매라는 것은 맞는 사람보다도 오히려 때리는 사람이 더 아프다고 했다. 잘못을 질책할 때면 화가 나게 마련이다.

스승은 그 화를 인忍과 덕德으로써 가라앉혔다.

영국의 시인 '포우프'는 "실수하는 것이 인간이요, 용서하는 것은 신이다."라고 했다. 여기서 '관용'이라는 이야기가 나오는데 그 말은 사람의 악한 심성을 가라앉히고, 실수를 포용하는 너그러움이 필요하다는 뜻이다. 사람은 누구나 실수할 수 있다. 그 불안정한 마음가짐을 덕德이 있는 인忍으로써 다스렸다. 잘못된 것을 못 본 체하는 것은 관용이 아니요, 너그러움도 아니다. 사랑에 겨워 자식에게 못 때리는 매를, 선생님께 부탁해서 맞히는 것이다. 그 교육의 회초리에는 매서운 교훈이 있었다. 선생님이 매를 든다고 해서 탓하는 사람은 아무도 없어야 함은 물론이다.

1950년대에 시골에서는 서당이라는 한자漢字 공부하는 데가 있었다.

그곳에서는 자기가 맞을 회초리를 아버지와 함께 잘 다듬어서 훈장訓長선생님께 가져 갔다. 잘못하면 그 회초리로 언제든지 매를 맞았다.

진정한 수업의 매였다. 그 회초리에는 감정이 없었을까? 어머니 사랑의 매에도 감정은 있다. 문제는 그 매에 대한 감정의 척도尺度이다.

나쁜 감정의 눈물은 씁쓸하고, 좋은 감정의 눈물은 달다.

매를 때린 가슴은 쓰리지만 눈물의 맛은 달콤해야 한다.

'바다 어부 수업은 10년이요, 농사 수업은 20년이요, 인간 수업은 30년.'이라고 한다.

어부 수업은 갖가지 물고기들의 습성과 물의 조류 및 풍향과 어족생태를 알아야 하는데 그 기간이 10년 정도가 소요되기 때문이다.

농사 수업은 20년이다. 하늘의 기후를 식물에 맞추고 땅을 알아야 하며 생물의 특성을 알고, 식물의 속성을 느끼며 대화를 할 수 있어야 한다.

인간의 수업은 30년이다, 그만큼 힘이 든다는 것이다.

생즉학生卽學, 즉, 살아간다는 것은 배운다는 것이다. 수학修學과 함께, 인성人性 교육이 더욱 중요하다. 학교에서 선생님은 길을 헤쳐나가는 데 삶의 보람을 밝혀주는 등불이다.

요즈음 매스컴에서는 교육현장에서 일어나는 체벌사건에 대하여 자주 나온다.

그것은 인성교육의 부재에서 생기는 인식 부족으로 오는 현상이 아닌가 한다. 인생의 길을 개척해 나가는 데에는 인성교육만큼 소중한 것이 없다. 짧은 학창 시절의 매는 졸업한 후 인격형성에 큰 영향을 준다.

모든 동·식물은 조금 거칠게 키울 필요가 있다. 모진 비바람을 견디어낸 나무는 쉽게 꺾이지 않는다. 품안에 있는 자식은 온실 속의 식물과 다름이 없다. 어머니의 지나친 자식 감싸기인 방풍防風은 나중에 불어닥칠 태풍颱風의 위력 앞에 전혀 도움이 안 된다. 미래의 삶은 항상 냉정한 것이다. 오직 자기 혼자의 노력으로 헤쳐나가야 할 인생의 험로인 것이다.

성공한 사람들의 공통점은 많은 고난과 시련을 스스로의 힘으로 이겨냈다는 것이다.

최근에 읽은 책 중에 백운 이규보白雲 李奎報 詩篇(1168~1241)의 시 한 구절이 생각난다.

'즉이장편추卽以長鞭捶, 군마개돌주群馬皆突走' "긴 채찍으로 말을 때리니 여러 말들이 함께 달아났다."는 말이다.

품격品格 있는 채찍이 필요하며 사랑이 없는 매는 맞는 자에게 반감을 일으킨다는 뜻이다.

지식이 많다는 것은 힘이 있다는 것이요, 무지無知하다는 것은 무력無力하다는 것이다. 지식의 양과 힘의 양은 합치한다.

잠녀潛女

물질하는 누나가 둘이나 있다. 오십여 년 전 일이다. 시골학교를 졸업한 누나들은 농사일을 하시는 부모님의 일을 도왔다. 바닷가 마을이라 여자는 농사와 물질을 하였고, 남자는 주로 배를 타고 고기잡이를 하면서 농사일과 우마를 돌보는 일과, 여자들이 채취한 해산물을 들어다 주는 일을 했다. 물옷을 입고 태왁을 맨 채 바다로 향하는 해녀들의 긴 행렬은 마치 바다로 뛰어드는 펭귄과도 같았다. 허공을 박차며 자맥질하는 해녀의 모습이 어린 시절의 나에게는 아름다운 추억이다.

여자 나이 열 살이 되면 부모들은 물질 도구인 태왁을 만들어 준다. 헛간 기둥에 걸려 있는 태왁의 숫자를 보면 그 집 여자의 수를 알 수 있었다.

잠녀는 세 가지 일꾼으로 구분한다. 열다섯 살 미만의 소녀들은 물질을 배우는 애기 잠녀다. 수심이 겨우 2, 3m정도의 물속에 작은 소라와 미역을 따는 초보 물질 수준이다. 스무 살이 되면 잠녀로서 입문하게 된다. 그때는 5, 6m정도의 수심에서 해산물 채취가 가능하기에 어느 정도의 돈벌이로 가정의 살림에 보탬이 되기도 한다. 잠수 능력이 향상되어 상군잠녀가 되면 거뜬히 10m이상의 수심까지 들어가서 성게, 소라, 전복, 해삼 등을 능숙하게 채취한다.

음력 삼월 보름은 일 년 중에 썰물이 가장 심한 때다. 온 가족이 해산물을 채취하느라고 갯가에는 사람들로 가득하다. 오죽하면 그날 집에 있으면 도둑이라고 의심할 정도다. 보릿고개가 심한 시절이어서 해산물 채취가 살림살이에 한 몫을 하였다.

석북 신광수申光洙(1712~1775)는 제주도 금부도사로 부임을 하고서 해녀들의 애환을 그의 시첩에 적어 놓기를, '일시장소토기환一時長嘯吐氣患, 기성비동수궁유基聲悲動水宮幽. 일시에 휘파람 길게 불며 큰 숨을 토해내니, 그 소리 너무 슬퍼 멀리 수궁까지 흔들어 놓네.'라고 했다.

물속에서 숨을 참다가 올라와서 내뿜는 한숨과 같은 숨비소리는 가난의 소리였다. 칠성판을 등에 진 듯 숨을 참으며 자맥질해야하는 해녀의 운명이기에 '호이잇' 하는 그 숨비소리는 비명에 가까운 소리였다.

해산물을 캐야하는 해녀들은 가족들의 생계를 위하여 더 깊은 곳으로 자맥질을 해야만 했다. 구역질이 나고 머리가 아파도 참는다. 물가로 나온 누나도 가끔 피로와 추위 때문에 그대로 주저앉기도 한다. 오히려 마중나온 가족이 안쓰러워 안경을 씻는 척하며 피로를 이겨내려고 안간힘을 쓴다. 그렇게 힘들어하던 누나의 얼굴이 지금도 생생하다.

바다에 흘린 땀방울의 보답으로 해산물이 가득했지만 물안경에 눌린 자국이 선명한 누이의 얼굴은 피로에 싸여 있었다. 해녀들의 숨비소리는 낭만의 휘파람 소리가 아니다. 한이 서려 있고 삶의 애환과 고통으로 점철된 몸부림이었다. 또한 해녀의 숨비소리는 경험의 산물이다. 물속에서 오래 참았던 숨은 물 위로 오르면 급히 들이마실 들숨이 필요하다. 이럴 때 잠녀는 아랫입술을 윗입술 속에 깊숙이 넣고는 숨을 들이쉰다. 그래야 물을 안 먹는다. 윗입술로 물을 차단하기 때문이다. 이때 폐부 깊숙한 곳에서 나오는 소리가 숨비소리인 것이다.

내 나이 열세 살, 작은누이가 열여섯 살 되던 여름의 어느 날이었다. 부모님은 밭에 가 있었고 초보 해녀 누나들은 얕지만 키를 넘는 곳으로 물질을 나갔다. 물질하느라고 바람이 거세어지는 걸 못 느꼈는지 물질을 계속하다가 물결에 밀려 태왁을 놓치고 말았다. 한동안 허우적거리다가 가까스로 살아날 수가 있었다. 지금도 시장에서 해산물을 보노라면 그때의 아찔한 생각이 떠오른다. 바다의 삶은 녹록하지가 않다. 잠녀들의 어려운 자맥질은 오늘의 제주 사람들을 풍요롭게 하여 준 원동력이며 나를 키운 고마움이다.

모처럼 서울에 있는 친구가 놀러왔다. 제주관광을 하던 중에 성산포에 있는 '일출봉 해녀의 집'을 찾았다. 소라는 현지에서 채취한 것도 있지만 오분자기(떡조개)와 전복은 양식장에서 가지고 온 것도 많았다. 심한 오염으로 수확량이 옛날 같지가 않단다. 나이가 많으신 할머니들은 가까운 물질도 못 나간다며 먼 바다를 쳐다본다. 금방이라도 숨비소리를 토할 듯이 입술을 오므린다. 그 얼굴의 굵은 주름살은 곰삭은 나이테로 남아 있어 고마움이 더해진다. 할머니는 더 시키지도 않았는데 푸짐하게 접시 가득 해삼과 소라를 내민다. 할머니 콧등이 해삼 등처럼 발갛다. 속으로 무언가 울컥 넘어오는 것을 간신히 참았다. 할머니는 숨비소리를 몇 번이나 토해냈을까.

"쇠로 못 나시난 제주 비바리로 난 거주기." 한이 서린 듯, 할머니는 되뇌인다.

제주도 해녀의 노래 중에는 '한 길 두 길 들어간 보난 저승道가 여기로구나.'라는 구절이 있다. 제주도의 옛 여인들이 토해내는 한 많은 노동인 자맥질이 파도소리에 밀려오는 듯하다.

버려진 추억

5월 중순의 들녘은 누렇게 익어가는 보리의 물결로 출렁인다.

아들 내외가 맡기고 간 손자의 손을 잡고 상큼한 풀냄새가 풍기는 집에서 조금 떨어진 들을 찾았다. 야외로 가는 것이 못마땅한지 자꾸 집으로 가자는 손자를 우격다짐으로 이끌고 한라산이 시원하게 보이는 마을 동산에 올랐다. 손자에게 보리피리를 만들어 주마, 보리를 구워 주마 하며 어르고 달래서 보리가 익어가는 들녘에 도착했다.

향긋한 들풀에 섞인 하얀 찔레꽃 향기는 코 속까지 시원히 뚫어준다. 맑은 하늘엔 조그맣게 보이는 비행기가 긴 꼬리를 만들며 구름 사이로 날아간다. 몇 조각의 구름이 춤추며 흘러간다. 이 들녘은 유년 시절에 말[馬]을 매서 풀을 뜯기던, 내게는 소중한 장소다. 오래간만에 왔지만 엊그제 본 듯 친근한 곳이다. 돌무더기 사이에는 잘 익은 들 복분자가 소담스럽게 열려 있다.

"할아버지, 이게 뭐야? 딸기잖아. 따다가 엄마 줘야지."

복분자는 손자의 얼굴처럼 복스럽게 익었다. 어쩌면, 내 손자를 반기는 듯 탐스럽다. 손자는 두 손이 모자랄 정도로 따 먹기에 열심이다. 들 복분자로 붉게 물드는 아이의 입을 보노라니 어릴 적 복분자를 따 먹고 손을 옷에 닦았다가 어머니에게 혼났던 추억이 가슴에 아련하게 흐른다.

옛 시절, 불철주야 일하는 아버지는 9남매를 둔 가장으로 쉴 틈이 없으셨고, 우리들은 늘 허기진 배를 달래야만 했다. 찬이 없어도 밥만 있으면 그만인데, 그 밥 재료인 보리쌀도 모자라는 형편이다. 반찬이라고 해봐야 마늘장아찌에 나물국이 전부다. 남정네가 없는 아낙네는 부잣집에 더부살이로 궂은일을 하면서 하루하루를 연명하기도 했다.

아버지께서는 보리 익을 때까지 참지 못하는 자식들의 곯은 배를 보다 못해 설익은 보리를 지게에 지고 오셨다. 어머니는 설익은 보리 이삭을 일일이 손으로 비벼 겨우 알곡으로 만든다. 설익은 보리는 조금만 눌러도 하얀 물이 터진다. 비벼놓은 알곡을 큰 솥에 넣어서 삶은 후 햇빛에 말린다. 마르기도 전에 솥에 넣어서 밥을 한다. 그것을 본 아버지께서 만족해하시던 모습이 생생하게 떠오른다.

복분자 먹는 것이 싫증이 났는지 내 곁으로 아장아장 걸어온다. 손가락이 빨갛게 물들여져 있다. 종이컵에 따놓은 복분자가 가득하다. 엄마에게 갖다 준다고 한다.

"할아버지, 보리피리는 어디 있어?" 잠깐 동안 옛 생각에 잠겨, 손자와의 약속을 잊고 있었다. "응, 기다려 봐." 하고는 보리 줄기를 잘라서 다듬은 뒤에 줄기 끝을 잘근잘근 깨문 후에 불어 보았다.

그런데 영 아니다. 손자의 눈치가 '할아버지는 엉터리' 하는 것만 같아 조바심이 난다. 어렵사리 겨우 소리가 나자 얼른 빼앗아 간다.

하지만 손자가 부니 소리가 날 리 있겠는가? 몇 번을 불어보더니 소리가 안 나자 던져버린다. 설익은 보릿대는 물기가 많아서 소리가 잘 나지 않는다.

"우리 보리 구워 먹을까?"

시큰둥한 손자를 달래며 보리를 한 줌 꺾은 뒤 지푸라기를 주워 모아 불을 피웠다. 손자가 호기심어린 모습으로 '이게 뭐야?' 하며 궁금해한다. 거무스름하지만 먹음직스럽게 잘 익었다. 손으로 비벼 후 불어서 먼지를 털어내고 먹여 보았다. 몇 톨 먹어 본 손자는 맛이 없는지 벌레 씹은 얼굴로 뱉어버린다. 몇 줌을 봉지에 담아 집으로 왔다. 아내가 연애 시절을 생각하며 좋아하겠지, 싶은 마음에서다.

어미는 아이의 모습을 보고는 반기기는커녕 심통이 나 있다. 손자는 보리밭에서 놀았던 일을 자랑삼아 엄마에게 일렀다.

"아버지, 그런 걸 아이에게 먹이면 어떻게 해요. 옷도 다 버리고."

나는 무엇을 잘못했는지 모르겠다. 머리를 긁적이며 마당가로 갔다. 구석에 있는 쓰레기통 속에는 검붉게 물든 아이 옷과, 아내가 오면 주려던 잘 구워진 보리 알곡들이 처량하게 나뒹굴고 있었다.

이웃 사찰

바닷가에 접한 원당봉은 집에서 걸어 40분 거리다. 그 오름 중턱, 100m이내에 사찰 세 개가 사이좋게 마주하고 있다.

위로는 50년도 채 안 된 천태종 문강사가 있다. 병풍을 두른 듯한 원당봉 날개폭에 살포시 앉은 사찰은 쳐다만 보아도 극락이 곁에 있는 것 같은 착각이 든다. 이곳은 풍광도 그렇거니와 맑은 숲 바람이 몸과 마음을 씻어 주는 듯 상쾌하다. 간간이 끊길 듯 이어지는 삼사三寺의 불경 소리는 속세의 심기를 다듬어 준다.

여기에 오면 세파에 찌든 짐 풀어 말리기에 충분하다. 지저귀는 산새들이 사연 풀어 전해주는 속삭임이 있어서 좋다. 시나브로 낙엽이 떨어져 내 발등에서 간질거리는 감촉이 가을 하늘만큼이나 청아하고 맑아서 좋다.

산 가슴 움푹 패인 곳에서 솟는 맑은 샘물은 소풍객의 목마름을 해결하는 청량 음료였다.

가장 밑에 위치한 불탑사의 창건은 1914년 제주불교의 중흥조인 안봉려관 스님과 안도월 스님에 의해 불법을 펴기 시작하면서다. 대웅전과 요사채도 빼어난 건축미를 자랑하였다고 하나 제주도 비극의 '4 · 3사건'으로 당시 토벌대들이 대웅전과 요사채를 파괴하는 바람에 폐허가 됐지만, 1953년 불탑사로 다시 돌아온 스님들이 현재의 터에 대웅전과 요사채를 다시 지었다고 한다.

불탑사는 제주시 외도동 수정사, 서귀포시 하원동 법화사와 더불어 고려시대 3대 비보사찰이었던 원당사지에 자리잡고 있으며, 보물 제1187호로 지정 보호되고 있는 5층 석탑 등을 비롯해 1940년 조성된 지장탱화, 산신탱화 등을 보유하고 있는데 지난 1992년 전통사찰로 지정됐다.

고려시대에 조성된 5층 석탑은 현무암으로 조성된 유일의 석탑으로 그 가치가 높다. 각 층의 탑신과 옥개는 하나의 돌로 조성돼 있다.

1층 기단으로부터 5층 탑신까지 급격히 좁아지며 탑의 체감

비율을 극대화하는 고려시대 석탑의 특징을 고스란히 지니고 있다. 탑신에는 문양을 넣지 않아 단순함이 돋보이며 네 귀퉁이는 살짝 들어올려져 있다. 석탑은 북극성을 향하고 있는 독특한 형세를 보여주고 있는데 지형과 좌향을 중시하는 우리나라 전통적인 방식과 다르다. 이는 별의 기운을 받고자 했던 원당사 창건 당시 설화에서 엿볼 수 있다. 5층 석탑의 설화에는 '기황후가 원나라 순제와 결혼 후 태자가 없어 고민하던 중 꿈에 한 스님이 나타나 북두의 명맥이 비친 삼첩칠봉三疊七峰의 터를 찾아 절과 탑을 세우고 기도하면 태자를 얻을 것이라는 현몽을 꾸어 원당봉에 절과 탑을 세우고 기도하자 태자를 얻게 됐다.'고 한다.

이 같은 설화를 배경으로 원나라 황실의 원찰로, 그리고 원나라의 원元자를 써서 원당사라고 사명을 지었다는 설이 전해지고 있다.

지난 1999년 사천왕문을 조성하는 한편 대웅전 서쪽에 미륵불도 조성했는데, 스님은 미륵신앙은 미륵불이 주재하는 도솔천에 태어나기를 원하는 상생신앙과 말세를 구제하러 미륵이 내려오기를 바라는 신앙이라며 '불탑사가 이 같은 이상사회를 제시하는 데 기여하기 위해 미륵불을 봉안하게 됐다.'고 한다.

나는 세 개의 사찰 중에 밑에 위치한 조계종(원당사)이 어쩐지 마음에 끌린다. 어릴 적 50년 전의 옛 모습이 그대로 잘 보존되어 있다. 또한 오층석탑은 온몸을 이끼로 감싸고 있고 마당 구석에는 아직도 샘솟는 우물이 있고, 우물가에는 물 떠먹는 그릇이 있어 땀 씻을 행인을 기다리고 있다. 다만 울창했던 왕벚나무는 나이가 들어서 고사했다고 하니 무척 아쉽다. 하지만 그 자리에 후손인 어린 왕벚나무가 자라고 있어 다행스럽다. 머지않아 아름드리로 자라 나그네의 쉼터가 만들어지겠지.

이끼 낀 오층석탑은 간간이 들리는 조계종의 불경소리를 곁에서 듣고 있었다.

무거운 어깨가 짐 벗은 듯 가볍다.

밤새 이슬을 머금은 소나무 가지는 양팔을 벌려 아침 햇살을 맞이하고 있다. 그 밑에는 조그만 연못이 있고 연못 속의 연꽃들은 품에 숨어서 노니는 새끼 물고기들을 감싸주고 있다. 작은 고기들은 물에 비친 불탑 주위를 맴돌다 불경 소리에 춤을 추듯이 솟구친다. 잠시 불탑이 찌그러들었다가 평온을 찾는다. 이게 작은 몸부림일까. 나를 반기기라도 하는 듯이 돌 위에 앉아 있는 자라는 목을 늘리고, 그 위에 앉아 있던 작은 나비 한 쌍이 놀라 벽에 부딪힐 듯 어디론지 날아간다.

오늘도 천 년 사찰의 오층석탑은 묵묵히 세상을 자애롭게 바라보고 있다.

너무나 짧은 인생, 오늘의 걸음 헛되지 않게 살라고 내리 보살핀다.

'축복받으며 태어난 삶이거늘, 허망의 길 왜 걷는가.' 하는 듯이.

독일의 금세기 철학가 '마틴 하이데거'는 "인간은 본시 선량하다, 불행한 자는 단지 길을 잘못 들어섰을 뿐이다."라고 했다. 오늘도 나는 원당봉 세 개의 사찰 삼거리에 서 있다.

주저 없이 어느 길이나 택할 수 있는 것은 나 혼자만의 행복일까?

닭서리

아침저녁으로 싸늘한 기온이 완연한 가을이다. 청명한 하늘을 보니 막혔던 가슴이 확 트이는 느낌이다. 집 앞 가로수는 한 잎 두 잎 곱게 단풍이 들더니 바람결에 흔들리고 있다. 이런 가을이 다가오면 왠지 집 밖으로 나가고 싶은 충동을 느낀다. 시쳇말로 가을을 타는 걸까.

오일장에서 막걸리 한 잔 하자며 친구에게서 전화가 왔다. 글감도 넘쳐나는 곳이기에 잘됐다 싶었다. 그곳에는 서민들이 엮는 삶의 풍경이 있고, 역동감이 있으며, 넉넉함이 있어서 좋다. 계절과 섞인 낭만의 향취는 오일장에서부터 오는 듯하다.

몇 년 전 가을, 제주시 민속 오일장 추억이 노란 낙엽처럼 떠오른다.

시에서 배려한 '할망 장터'에는 할머니들의 판을 벌여 다듬은 채소와 깐 마늘을 사발 위에 수북이 올려놓고 주인을 기다리고 있다. 그 옆에는 딸이 여름에 썼다가 줬음직한 큼직한 차양 모자를 쓴 할머니가 두 손에 닭을 꼭 붙잡고 지나가는 행인을 쳐다보고 있다. 아마도 집에서 기르던 암탉을 팔려고 장에 온 것 같다. 그곳으로 가서 넌지시 할머니에게 물어봤다.

"할머니, 이 닭 얼마예요?" 내가 묻자 할머니는 반가운 듯이

"응. 내가 벌레 먹이면서 기르던 닭이라 아주 실해."

내가 묻지도 않았는데 대답을 하면서 막무가내로 닭값을 달라며 내 손에 닭을 쥐어준다.

이렇게 된 이상 어쩔 수 없이 닭을 사야 하지 않겠는가. 하지만 닭을 사서 어쩌겠다는 건지, 그것도 살아 있는 닭을. 그때 불현듯이 친구 어머니 생각이 떠올랐다. 퍼덕이는 암탉을 종이 상자에 가만히 넣고 친구 어머니 집을 찾았다.

막 스무 살, 고등학교를 졸업한 친구가 군에 간다고 야단법석이다. 송별회라도 해야겠는데 모두 사회 초년생이라 한 푼 없는 빈털터리라서 마음만 넘칠 뿐 별 도리가 없었다. 그때 한 친구가 기발한 아이디어를 냈다. 군대 가는 그 친구의 집에 여러 마리의 닭이 있으니 그 중 한 마리를 훔쳐 와서 회식에 활용하자는 것이다. 군중 심리가 발동했을까. 우리는 반대할 이유가 없었다. 어

차피 그 친구를 먹일 일이라면서 닭서리 이유의 타당성을 강력하게 내세우고 있었다. 어렵사리 큰일을 벌여놓고 군대 갈 친구와 그의 어머니를 모셨다.

뻔뻔한 놈이 나서서 이르기를,

“어머니, 영진이가 군대에 가는데 저희들 주머니를 털어 닭을 사와서 요리했습니다. 그러니 많이 잡수세요. 영진아, 너도 많이 먹고 군대생활 잘해라.” 친구 어머니 보는 앞에서 군에 입대하는 주인공을 격려하고 인내력을 추켜세웠다. 내막으로야 미안한 마음 없지 않지만, 우선은 생색내고 볼 일이 아닌가.

그 후 한참의 세월의 흐른 뒤에야 친구의 어머니는 우리에게 그때의 닭서리(도둑) 얘기를 들려주었다. 우리의 닭서리를 훤히 알고 계셨던 것이다. 알면서도 모른 척 아량을 베풀어 주신 거였다.

친구의 어머니는 야위었지만 반갑게 나를 맞아 주셨다.

집 마당에는 수탉 한 마리가 외롭게 먹이를 찾고 있다. 어머니는

“암탉이 들개에게 물려 죽었어. 그래서 짝 없이 혼자인 게야.” 한다.

마침 잘됐다는 생각이 들었다.

“어머니, 이 암탉으로 짝을 만들면 어떨까요?” 하면서 상자 속의 닭을 내밀었다. 영진이 어머니는 환한 얼굴로 고개를 끄덕이

신다. 푹 고아 잡수라고 가지고 간 닭이 어머니의 한 식구가 된 것이 마냥 흐뭇하기만 하다. 닭을 키우는 재미로 어머니는 한시름 달래게 되었다.

어느덧 그 닭으로 인해 50여 마리로 늘었다. 어머니는 닭이 낳은 계란을 들고 오일장을 찾는다. 넓은 뜰에서 키운 닭이며 수정된 알이라고 소문이 나서 그런지 어머니 계란은 비싸지만 날개가 달린 듯이 잘 팔린다.

불행하게도 그 친구는 교통사고로 이미 세상을 떠나 버렸고, 어머니는 80이 넘은 나이에 외롭게 혼자 살고 계신다. 그래서인지 나이가 들수록 사람이 그립다는 영진이 어머니다. 하루가 다르게 점점 허리가 굽어지는 모습에서 안쓰러움이 묻어난다. 고령화 사회에서는 우리 모두가 인정이 그리운 것이다.

이웃을 사랑하는 것이 결국은 나를 지켜 주는 것이 아닐까?

오늘도 삶의 현장인 오일장을 찾는다.

화려한 외출

그를 만나 온 지 올해로 13년 째다. 부인과 두 자녀를 데리고 전라도 무안에서 이곳 조천읍 중산간 마을로 이사 와서 살고 있다. 덥수룩하게 수염 기른 얼굴에 낡은 갈색 중절모와 허름한 옷차림은 한층 나이가 들어 보이게 한다.

내가 직장에서 퇴직을 하고 감귤농사를 지을 때 우연히 그의 품을 빌려야 했다. 그것이 나와의 첫 인연이 시작된 것이다. 어딘가 모자란 듯, 히죽거리는 모습은 시골에서 막일하기 알맞을 것 같은 인상을 준다.

예전에 본토인들은 배타적인 시선이 심하여 타지 사람들은 정붙이기가 힘들었다. 그러면서도 힘든 일은 타지의 인력으로 충당하는 이중성을 지닌 것이 사실이었다. 그러므로 외지인들이 이곳에서 정착하기란 여간 어려운 일이 아니었다.

그러나 그는 피땀을 흘려 2천 평이 넘는 감귤밭을 마련했고 가축(돼지, 개, 닭, 오리)도 많이 길러 성실근면하다는 소문이 자자하다. 부인도 남편을 도와 밀감 농사도 하고 가축을 도축하여 판매하는 수입이 만만치 않다는 거다. 그의 호칭도 처음에는 최씨로 부르다가 근래에 와서는 최 사장으로 바뀌었다. 희죽거리는 표정도 싫어하는 사람이 없을 정도다. 그만한 이유가 있다. 이곳에 정착할 당시만 해도 그는 의지할 곳 없이 외로웠고 가난했으며 농협에서조차 그에게는 돈을 빌려주기를 꺼렸다. 담보물이 없고 보증인이 없다는 이유에서다. 사람들이 외지에서 온 그를 어찌 믿고 보증을 서주며 돈을 빌려 주겠는가. 그때에 마음이 약한 나에게 부탁을 했으니 어쩔 수 없이 보증 도장을 찍어주었다. 농협직원이 의심의 눈초리로 나를 쳐다봤다. 아무런 하자 없이 대출이 이뤄졌으며 그는 나에게 몇 번이나 고맙다는 인사를 한 후에 헤어졌다. 물론 내 아내에게는 절대 비밀을 지켜야 한다는 조건을 달고서다. 몇 년은 나 혼자 속 앓이를 해야만 했다. 이제는 10여 년이 흘렀으니 안심해도 될 것 같다.

몇 년 전에 매스컴에서는 우리 읍에 있는 장애인시설(장애인 15명 정도)에 익명의 독지가가 10여 년에 걸쳐 적지 않은 금액을 기부한다고 했다. 흐뭇한 소식이 연말을 기쁘게 했다. 그가 누굴까? 궁금했지만 시간이 지나면서 잊고 지냈다.

우연찮게 우체국에 근무하는 딸 친구가 우리 집에 놀러왔다가 마침 그때, 집에 방문한 최씨를 보더니 반갑게 인사를 나누고 헤어졌다. 나는 고객과 직원의 일상적인 인사인 줄로만 알았다.

며칠 뒤, 우체국 여직원은 놀랍고 아름다운 이야기를 귀띔해 준다. 비밀을 지켜줄 것을 전제하에. 익명의 기탁자가 바로 최씨라는 것이다. 내가 농협에서 보증을 서 줬던 어려운 시절임에도 불구하고 익명으로 기탁을 했던 것이다. 생면부지 타향에서 남의 집 품앗이로 어렵게 살림을 하면서 남모르게 선행을 베푼다는 것이 쉬운 일이 아니지 않은가.

따스한 5월의 봄날 그의 집을 찾았다.

강아지 대여섯 마리가 마중을 나왔다. 넓은 마당 한구석에서는 오리 몇 마리가 닭들과 먹이 다툼을 벌이고 있다. 갓 삶아 햇볕에 말라가는 고사리가 특유의 냄새를 풍긴다. 양지쪽에는 거동이 불편한 듯한 중년의 남자가 의자에 기대어 앉아 있다. 눈인사도 없던 중년의 남자는 손님이 왔음을 큰소리로 알린다. 뒤쪽에서 일하던 남자가 흙 묻은 손을 씻으며 이쪽으로 뛰어온다. 색 바랜 모자와 허름한 옷에 너털웃음은 옛날의 히죽거리던 웃음과는 사뭇 다른 것 같다. 검게 그을린 그의 얼굴이 멋있어 보인다.

"현 형, 무슨 바람이 불어 이캐 왔소?"

"최 형, 살찐 토종닭이나 있나 해서 왔는데요."

"아따, 말 마소. 현 형 은혜를 으째 갚을까 모르것소이. 뭐든지 헐팅께 말만 허쇼이."

반가운 그의 환대에 마음이 포근하다. 그의 아내는 덩달아 "오매, 와 부렀소이. 쪼께 기다리소, 살찐 놈이 있는디." 하며 밖으로 나간다. 극구 말렸지만 소용이 없다. 잠시 후 닭의 안타까운 비명소리가 들린다.

창고나 다름없는 시골의 집은 마루와 방이 따로 없다. 일하다가 저녁이 되면 대충 씻고 잠자기가 연속이니 구태여 집안 정돈이 필요치 않은가 보다.

저녁이 되자 푸짐한 주안상이 차려졌다. 토착 당시의 힘겹던 시절의 얘기로 시간 가는 줄을 몰랐다. 넌지시 말을 꺼냈다.

"최 형, 나는 최 형이 부럽소. 배울 점도 많고 말이오." 뜬금없는 내 말에

"잇따, 환장 허것네요이. 속 좀 확 열어 불고 싸게 얘기해 보쇼잉. 뭔 말이오?"

그의 행적을 다 안다는 내 말에 그의 아내가 어렵사리 입을 열었다.

부모 없는 고아로 동생과 함께 어렵게 자란 남편은 고학으로 목포의 명문고를 나왔으며, 2급 장애(정신 지체)를 겪고 있는 동생과 같이 살았다. 동생은 같은 장애를 가진 여자와 결혼을 시켰

으며, 그 후 자기를 만났으나 친정의 완강한 반대에 부딪혀 결혼도 못하고 미루다가 어쩔 수 없이 전남 무안에서 이곳 제주도까지 오게 됐지만 이제야 허락을 받았다며 조용히 웃는다.

타향살이가 힘들수록 남편은 사랑이 감도는 오붓한 가정을 꿈꾸며 '생활의 여유로움보다 남을 돕는 여유로움으로 살자.'라는 좌우명을 지키고 있다고 한다.

전화벨이 울린다. 금세 얼굴에 화색이 돈다. 아마도 잔칫집에서 돼지 도축을 부탁받은 모양이다. 모든 사람의 귀감이 되는 '화려한 외출'이 될 것이다.

개 짖는 소리가 요란하다. 덩달아 거위도 꺼욱꺼욱 자기의 존재를 알린다.

"현 형, 여름에 오시소이. 나는 항상 대기항께로 잉."

집으로 오는 길은 내가 살아온 길처럼 무언가 아쉬운 듯하면서도 흐뭇하다.

흑백TV 전성시대

집에 들어오면 가장 먼저 TV를 켜게 된다. 일상화된 습관이다.

이슈가 되는 뉴스거리나 볼 만한 스포츠 중계가 있어서가 아니라 저절로 나도 모르게 형성된 생활 습관이 되어 버렸다. 하지만 나는 뉴스를 싫어한다. 가끔 안 좋은 뉴스를 접할 때면 짜증이 온종일 나를 괴롭힌 적도 있다. 일종의 가정 TV폭력인지 모른다. 학교 내 폭력이니, 성폭력이니 온갖 비리들로 TV 화면이 까맣게 보일 지경이다. 세상의 이치가 좋은 일만 있는 것은 아니지만 말이다. 그래서인지 TV를 켜면 스포츠를 즐겨 본다. 최고의 애청 프로그램은 바둑이다. 내 실력은 별로지만 조용히 진행하는 모습과 진지한 대국 장면이 좋아서다.

오늘의 TV역사와 발달 과정은 눈부시다 할 것이다. 얼마 전까지만 하더라도 TV는 볼록한 브라운관이 대중을 이뤘다.

1970년도 중반, 동네에서 첫 번째로 TV를 구입했다. 당시에는 오후 6시를 넘어 시작되는 TV시간대는 그야말로 가내 영화관이나 다름없었다. 사람들이 모여들어 집안은 대혼란의 연속이었다.

밭일을 마치고 집에 오면 TV를 보려고 모여든 사람들로 장사진을 이룬다. 네 발 달린 흑백TV를 대청마루에 놓고 20여 명이 넘는 동네 어른과 개구쟁이들을 관리하는 것은 그야말로 밭에서 일하는 것보다 힘들었다. 그래도 조금은 미안했던지 당시에는 귀한 라면을 가지고 오는 사람도 여러 있었다. 덕분에 그 라면으로 저녁을 해결할 때가 많았다.

서둘러 잠도 자야하고 밀린 일도 해야 하건만 동네 사람들은 TV에서 애국가가 나올 때까지 일어설 줄을 모른다. 그렇다고 야박하게 TV 전원을 뽑을 수는 없지 않은가.

저녁 7시대의 인기 드라마였던 여로*(태현실 주연)가 방영될 때가 되면 아쉬움과 탄성이 온 동네에 울려 퍼진다. 다음날은 하루 종일 연속극 여로가 얘깃거리의 주된 테마였다.

1970년대의 흑백TV 한 대 값은 10만원으로 기억한다. 당시에 쌀 한 가마(60kg)에 1만 원으로 환산하면 큰 금액이었다. 농촌에서 TV를 구입하기란 쉬운 일이 아니었다.

1980년대에 들어서 본격적인 컬러 방송이 시작되면서 TV생산 산업이 혁명적으로 발전한다. 이어서 90년대에서는 TV가 리모컨 시대에 접어들었고 또한 컴퓨터의 발전으로 영상을 만들고 즐기는 문화가 보급됐다고 본다.

2000년대에는 월드컵을 기회로 디지털 시대로 접어들었으며 POP 등, 고급형 TV로 볼록한 브라운관은 점차 사라졌다.

요즘은 디지털 시대다. 모든 인간이 디지털로 바뀔는지 모른다.

모든 음식도 5분이면 해결된다. 자동판매기에서 밥과 탕을 주문하고 스위치를 누르면 즉석에서 먹을 수 있다. 보고 듣고 먹는 것 모두가 디지털이다.

10여 년 전 일이다. 딸에게서 카메라를 빌려 아내와 여행을 떠났다. 딸이 카메라 사용법을 설명해주었지만 건성으로 들었다. 구식아빠라고 할 것 같아서 대충 넘어간 것이 화근이었다. 조그마한 카메라가 계속 찍힌다. 40장 정도 찍었을까. 필름을 빼고 새 필름을 넣어야 하는데 통 알 수가 없다. 낭패다. 그만 찍기로 했다. 아내 몰래 딸에게 전화를 했다.

“필름을 어떻게 빼내지?” 딸은 어이가 없다는 듯이

“아빠, 디지털 카메라야.”

‘젠장 요즘에 무슨 털이 그리도 많아…….’

30여 년 전 우리 집에서 TV를 보았던 40대 청년을 만났다.

"아저씨, 발 잘 씻고 여로* 보러 집에 갈게요." 능청을 떤다.
그 시절엔 '내 잔소리가 심했었나?'

* 70년대 중반의 TV연속극으로 태현실 주연의 드라마.

4부

본디 인간은 노루처럼 순하게 태어났는데 허망한 욕심을 누르지 못하여 스스로 죄를 짓고 몸부림치는 것일까.
허황된 마음의 짐을 벗으면 홀가분해지는 것을…….

눈물에 젖은 노루

고사리 꺾기를 좋아하는 친구가 있다. 만날 때마다 들판에 나갔다 온 자랑을 하는 바람에 아내의 눈치가 보여 은근히 기죽고 지냈다. 모처럼 날을 잡아 아내와 도시락을 준비하여 아침 일찍 고사리 꺾기에 나섰다.

말이 고사리 꺾기이지 솔직히 말하면 아버님의 산소에 풀이 많아 풀을 뽑을 겸 가는 것이다. 다행스럽게도 산소 주변에는 고사리가 많았다. 한 보따리는 거뜬히 꺾을 수가 있을 것 같다. 벼르고 왔건만 하늘이 도와주지를 않는다. 어느새 구름이 잔뜩 끼더니 간간이 안개가 몰려다닌다. 기분이 별로다. 이런 날은 집에서 빈대떡에 막걸리가 제격일 텐데……. 안개 낀 들판이라

서로 잃어버릴지 몰라서 어슬렁어슬렁 마누라 꽁무니만 따라 다녔다. 마누라가 드디어 불만을 터뜨렸다.

"그렇게 내 뒤만 따라 다니면 어떻게 해요. 남들 안 다닌 곳을 찾아봐요."

별 매력 없고 재미 없는 남편이란 걸 뻔히 알면서 데리고 온 마누라가 잘못 아닌가. 그래도 시키는 대로 할 수밖에.

미리 준비한 조그마한 포대를 허리에 차고 주변에서 기웃거렸다. 남들이 보면 고사리를 꺾는 것인지 풀 가지고 장난하러 온 것인지 전혀 분간이 안 갈 정도의 실력이다. 도수 높은 안경에 빗방울마저 맺혔으니 고사리 찾기가 초등학교 시절 소풍 갔을 때 보물찾기보다도 더 힘들다. 그래도 부지런히 고사리를 찾아 헤맸다. 몇 줌을 꺾었을까. 저 만치 있어야 할 마누라가 보이질 않는다. 이제는 고사리는커녕 마누라를 찾아야 할 판이다. 꺾은 고사리도 자랑해야 하는데 어쩐다지? 그렇다고 목청껏 부를 수도 없지 않은가. 주변에 고사리 꺾는 사람이 많아 곤혹스럽다. 아, 핸드폰이 있다는 걸 잊었구나. 겨우 통화가 됐다. 집안 대소사에 쓸 만큼 꺾었으니 집에 가자고.

자동차 있는 곳으로 향했다. 이런, 어디쯤에 차를 세웠더라. 어디가 어딘지 분간이 안 된다. 낮인데도 구름이 짙게 깔려 어두컴컴하다. 아내는 눈썰미가 뛰어나서 차 세워둔 곳을 금방 찾아냈다.

우리가 있는 곳은 구좌읍 중산간 지점이다.

맑은 날에는 확 트인 산세에, 찾는 이들을 황홀감에 빠져들게 하는 수려한 곳이다. 가끔씩 산새들이 찾아와서 말동무를 해 주기도 한다.

차에서 도시락을 꺼내들고 오붓한 둘만의 시간으로 무릉도원으로 빠져들 때 귀가 밝은 아내는 무슨 소리를 들었는지 주변을 살핀다.

"잘 들어 봐요. 어디서 무슨 소리가 나는 것 같은데요."

귀를 기울여 보았다. 멀지 않은 곳에서 노루의 힘겹게 우짖는 소리가 간간이 들려온다.

노루의 습성은 사람이 가까운 데 있으면 우선 도망치지, 소리를 내어서 자기의 위치를 알리는 행위를 하지 않는다.

가서 보기로 했다. 먼저 눈에 띈 것은 노루 새끼다. 그런데 도망을 가지 않고 우리를 경계하는 듯 쳐다본다. 의심스러워서 조금 더 숲 속으로 들어가 봤다. 아, 그곳에는 어미 노루가 올무에 목이 감겨 겨우 가느다란 숨을 쉬고 있는 것이 아닌가. 위급한 상황이었다. 뛰어가서 목에 감겨 있는 올무를 풀고 노루를 껴안았다. 기진맥진한 노루는 숨만 겨우 쉴 뿐, 몸도 제대로 가누지를 못한다. 바들바들 떨고 있는 노루목은 올무 줄로 인하여 속살이 하얗게 드러나 있었고, 노루의 얼굴은 온통 눈물로 범벅이 되어 있었다. 살아보려고 얼마나 몸부림을 쳤을까. 또한 새끼는 어미가 발버둥치면서 울부짖을 때 얼마나 놀랬을까. 동물의 인공호흡 방법도 모르면서 노루의 가슴을 일정하게 눌러주며 다급히 아내에게 자동차에 있는 비상약을 꺼내 오라고 했다. 노루 새끼는 주변에서 맴돌며 우리를 지켜보고 있다.

아내가 가지고 온 약으로 소독하고 두툼하게 약을 발라줬다.

10분쯤이 지났을까. 흐렸던 눈동자의 동공이 점점 뚜렷해진다. 안아준 나를 쳐다보며 눈물을 뚝뚝 떨어뜨린다. 집에 데려가서 안정을 취한 뒤에 돌려보내고 싶지만 야생의 습성이라 그렇지 못할 것이 못내 아쉽다.

내 품에서 벗어난 노루는 몇 발자국 못 가서 주저앉는다. 다시 일어서려고 힘겹게 고개를 움직인다. 바로 그때, 무심한 새끼는 배가 고팠던지 어미젖을 빨려고 앙탈을 한다. 그런데 놀랍게도, 사경을 헤매던 어미는 사력을 다해 다리를 벌려 새끼에게 젖을 물리는 것이 아닌가. 아! 나는 한순간, 호흡이 정지됨을 느꼈다. 제발 노루가 살아주길 빌었다.

얼마나 지났을까. 숲에서 부스럭거리는 소리가 났다. 아마 아빠 노루인 듯하다. 아내와 나는 자리를 피해 숨어서 보기로 했다. 슬금슬금 상처난 노루 곁에 오더니, 어미 노루의 얼굴을 핥아주고 있다.

얼마 뒤에 생기를 찾은 어미 노루는 아빠 노루 뒤를 비틀거리며 따라간다. 그들은 한가족이었다.

구두쇠 할머니

할머니는 오늘 새벽에도 뭍에 떠오른 감태를 건졌다고 한다. 파도가 밀려 떠오른 감태를 건져 말리는 작업과 물질을 50년 넘게 해왔다. 전량 수출한다는 감태는 할머니에게는 커다란 수입원이다. 근면 성실로 다져진 할머니는 지금까지 자식에게 용돈 탄다는 생각을 해본 적이 없다.

아들이 결혼할 때도 결혼은 시켜 주었지만 따로 돈을 주지 않았다. 동네에서는 알아주는 구두쇠 할머니다.

아들, 딸을 대학까지 보내주었으면 스스로 독립해야 올바른 인간이 된다는 것이 할머니의 뜻이다. 할머니는 남편 제사 때가 아니면 돼지고기도 사지 않는다. 바다에 먹을거리가 많은데 구태여 아까운 돈을 낭비할 것이 뭐냐는 것이다.

할머니는 조용한 성격에 남 앞에 나서는 것을 싫어해서 지금까지 그 흔한 회장 자리 한 번 안 해봤다. 해풍에 검게 그을린 피부며 주름살은 할머니의 관록을 짐작하게 한다.

바닷가에 위치한 할머니의 집은 풍랑이 심하면 파도 물보라가 집 안까지 들어온다. 초등학교 교장으로 재직하고 있는 아들이 바다와 조금 떨어진 안전한 곳으로 이사할 것을 권유했지만 할머니의 고집을 꺾을 수가 없었다. 할머니의 집은 조금만 바람이 불어도 바람막이 덧문이 곧 떨어질 것같이 덜컹거린다. 나갈 때면 돌로 문을 지탱해줘야 안심이 된다.

구좌읍에 살고 있는 할머니 나이는 올해로 87세이다. 남편은 '4·3사건'에 오누이를 남기고 돌아가셨다. 그때 나이 25세였다. 재혼의 유혹도 있었지만 어린 남매를 키워야 한다는 일념으로 물질을 하면서 대학까지 보내고 700평이 넘는 밭도 샀다. 억척 같은 삶은 지금까지 이어졌다. 교장인 아들이 어머니가 아팠을 때를 틈타서 아파트에서 같이 살려고 세간을 일부 옮겨 봤지만 할머니의 고집을 꺾을 수가 없었다. 고집불통에 구두쇠 할머니다.

재작년에 아들이 정년퇴직을 했다. 일 대신 아들 내외는 운동을 한다며 옷을 곱게 차려입고 한가롭게 걷는 것을 할머니는 못마땅해했다. 아들을 불러놓고 호통을 친다.

"이놈아, 빈둥대느니 어디 취직이라도 해야 할 것 아니냐?"

아파트에 경비원 자리도 많다며 성화가 대단하다.

○○초등학교 졸업식 날, 립스틱도 바른 할머니는 옷을 곱게 차려입고 외출 준비에 바쁘다. 유치원 다니는 증손녀와 손을 잡고 학교로 갔다. 귀빈석에 앉아 있는 할머니는 흐뭇한 표정으로 학생들을 바라보고 있다.

식순에 따라 개회식에 이어 감사패 전달식에 학교장이 할머니 성함을 부르고 꽃다발을 할머니에게 안긴다. 교장의 감사의 말씀이 이어졌다.

"여기에 계신 할머니는 깊은 바다 저승길을 넘나드는 곳에서 물질을 하면서 지금까지 15년간 어려운 학생들의 장학 사업을 해 오시느라 그 흔한 돼지고기 한 근도 사서 잡숴보지 않았습니다. (중략) 구두쇠로 소문이 난 ○귀순 할머니에게 뜨거운 박수를 보냅시다." 박수 소리가 끝나자 한순간 주위는 조용해졌다. 이어서 학생 대표가 할머니에게 꽃 한 송이를 가슴에 꽂아 드리며 훌륭한 사람이 되겠다는 다짐을 했다. 이어서 뒷자리에 있던 손자, 며느리의 꽃다발도 한 아름씩 받는다.

모 단체의 일원으로 참석한 나는 귀순 할머니의 진정한 구두쇠의 진면목에 얼굴이 화끈거렸다. 그런 와중에 이상하게도 할머니를 어디서 본 듯한 기억이 가물거린다. 어디서 만났을까? 식이 끝날 때까지 은근히 괴롭혔던 기억이 늦게 되살아났다. 할머니의 선행은 여기만이 아니었다.

오래 전, 조천읍에 있는 '○○의 집' 에서다. 그때의 내가 느낀 할머니의 모습은 수수한 옷차림이었지만, 위엄이 있는 고귀한 집안의 어른인 줄 알았다. 나는 서쪽 방향으로 가야 하지만 댁으로 모셔드려야 할 할머니 때문에 동쪽으로 갔다가 돌아온 기억이 난다. 그때 할머니는 나에게 담배를 끊고 건강을 지키며 능력껏 선행을 베풀라고 말씀을 하셨다.

허름한 집에서 찬바람이 들세라 종이로 문틈을 막으면서 근검절약하며 살아온 할머니다. 그러면서 자식은 냉정하고 엄하게 가르치며 선행을 베풀고 있었던 것이다.

매스컴을 보면 힘들게 사는 분들이 어렵게 모은 재산을 더 불우한 이웃에게 나눠주는 모습을 종종 볼 수가 있다. 가난한 사람이 자기보다 더 가난한 이웃을 돕는다. 마음을 활짝 열고 우리 주변을 살펴보아야겠다.

'5천만 인구가 1원씩 모으면 5천만 원이다.'라는 '1원의 기적'이란 문구를 본 적이 있다.

비록, 적은 돈이라도 모으고 나눠주는 사회는 아름답다.

음주 운전

오전 9시경이다. 거리를 걷노라니 급한 브레이크 소리와 함께 비명소리가 동시에 들렸다. 뒤돌아보니 택시가 멈춰 서 있고, 치마 입은 여인이 쓰러진 채 피를 흘리고 있다. 황급히 달려가 눈여겨보았더니 의식이 없다. 당황한 기사는 어쩔 줄 몰라 나를 쳐다볼 뿐이다. 우선 급한 대로 119를 불러 조치를 취한 후 그곳을 떠났다. 그것이 내가 사고 현장을 목격했던 전부였다.

오후에 참고인 조사차 경찰서로 갔다. 교통 조사계에서는 가해자인 개인택시 기사가 피의자인 신분으로 조사를 받고 있다가 애원어린 눈으로 나를 쳐다본다. 하지만 내 뒤에서 일어난 사건이라 피의자에게 아무런 도움도 줄 수 없다는 것이 안타깝다.

기사의 음주 측정 결과가 나를 당혹하게 했다. 운전면허 자격 정지 상태의 취중 운전이었다고 한다. 전날 과음에 의한 술이 덜 깬 상태로 운전한 것이다.

그는 피해자의 옆 동네에 사는 건실한 중년으로 아내와 두 아들, 부모님을 모시고 사는 가장으로서 비록 전셋집에 살면서도 근면 검소하여 이웃 간에도 칭찬이 자자했다. 또한 피해자인 여인 역시 부부와 함께 부지런하게 막일을 하면서 자녀 둘을 고등학교에 보내는 착한 이웃이었다. 하지만 일순간의 결과는 참혹했다.

제사 때 형제들과 음복한 술이 이런 상황을 가져오리라고는 아무도 예상치 못 했다. 파랗게 질려서 조사를 받고 있는 가해자와 병원 영안실에 눕혀 놓고 조사실에 온 피해자의 가족, 일가친족은 어제까지만 해도 아주 다정다감한 몇 집 건너 이웃사촌이었다. 하지만 지금의 이 엄청난 현실 앞에서는 그저 말문이 막혀 서로 쳐다만 볼 뿐이다. 어떠한 이유로도 음주 운전으로 타인을 다치게 할 수는 없다. 고개를 숙인 체 아내의 얼굴도 피하며 조사를 받는 가해자를 경찰에게 사정을 해서 밖으로 데리고 나왔다.

창백한 얼굴의 가해자는 한참 동안 말없이 담배만 피우다가 중얼거리듯 겨우 한 마디 한다. "나 어떻게 하지……?"

온 천지가 노랗게 보일 것이다. 널브러져 있는 돌덩이만 보일 뿐 그에게서 희망은 사라졌다. 절망으로 초점 잃은 눈은 무엇을 의지하여 앞길을 헤쳐나갈 것인가. 이제 할 말이 아무것도 없음을 나도 안다. 시원한 공기조차 부담스러울 뿐이다.

참된 후회는 내일을 기약한다는 말은 가당치도 않다.

일 년 후의 두 가족은 어떻게 살아가고 있을까?

아내에게서 들은 얘기는 두 가족의 참혹한 파탄, 그것이었다. 가해자는 죗값을 치르느라 옥살이를 하고 있으며 두 자녀는 학교를 그만두고 어린 나이에 일거리를 찾아나섰다고 한다. 피해자 측도 마찬가지다. 엄마 없는 가정으로 두 학생 모두 중퇴했고 아버지는 술로 세월을 보낸다고 한다. 한순간의 판단 착오가 빚어낸 참혹한 현실은 그 누구도 대신할 수가 없다.

최근 보도에 의하면 하루에 음주 운전으로 30여 명이 사망한다고 한다. 그 가족들의 운명을 생각해 보자. 음주 운전의 폐해는 실로 엄청나다. 개인으로서는 패망의 길이기도 하지만 사회 질서를 무너뜨리는 가장 큰 죄악이 아닐 수 없다.

오늘도 밤거리를 나가 보면 심심찮게 음주 운전이 목격된다. 그뿐인가. 심야에 굉음을 내며 달리는 자동차를 보면 소름이 끼친다.

언제부턴가 나만을 위한 나만의 생활 패턴으로 바뀌었는지는 몰라도 세상은 함께하는 사회인 것이다. 어차피 혼자 살 수 없는 사회라면 아픔을 주지 않는 사회, 더불어 돕는 사회가 더욱 절실하다.

'즐거움의 짐은 가볍고 죄의 짐은 무거운 것이다.' 의로움을 주는 즐거운 사회는 이웃에게 웃음을 선사한다.

분위기에 휩쓸려 한순간 '괜찮겠지.' 하는 악마의 음주 운전, 그 결과는 처절하게도 타인을 곤경에 빠뜨리고 자신에게도 돌이킬 수 없는 불행을 자초하게 된다.

음주 운전 자체가 불법인 줄 알면서도 일상적으로 재수가 없어서 단속에 걸렸다는 변명은 어불성설이다. 내 가족과 내 이웃을 사랑하는 마음이 있다면, 혹은 내 가족을 내가 지키고 싶다면 당당하게 약속을 지켜야 하겠다. 그것은 곧 행복의 약속이니까.

음주 운전은 내 가족뿐만 아니라 내 이웃까지도 불행하게 한다.

당신의 운전면허증을 가정을 불행하게 하는 불행증으로 바꾸고 싶은가?

음주 운전은 가정을 파괴하는 행위이다.

신발의 변천사

가끔 경찰서를 방문해 보면 피의자 신분인 사람이 고무신을 신은 모습으로 조사를 받고 있는 것을 볼 수가 있다. 도주의 우려 때문에 고무신을 신겼을 것이다. 하지만 그 고무신은 우리의 지난 시절, 짚신 이후에 즐겨 신었던 신이다. 그야말로 전천후의 신이라고 해도 과언이 아니다. 하지만 지금은 경찰서 조사실에서나 볼 수 있어 격세지감隔世之感을 느끼지 않을 수 없다. 하지만 지금도 스님들은 정갈스럽게 신는 일상의 신이다.

내 유년 시절 초등학교 운동회 날은 운동화 대신 천으로 만든 양말(카바)을 신고서 운동장을 휘젓고 다녔다. 차츰 발전하여 고등학교 시절에는 워커(군화)가 인기였다. 군수품이 어떻게 흘러왔는지 모르지만 군화를 제주시 동문시장에서 팔았다. 유별난 학생은 군화를 신고서 의기양양하게 통학을 했다. 하지만 그것도 잠시 유행일 뿐이다.

지금은 집집마다 각양각색의 신발들이 가득하다. 그 중에 어린아이의 명품 신발은 기십만 원을 호가한다.

디자인을 강조한 맞춤형 신발과 계절 따라 신을 수 있도록 실용성을 고려한 특화 신발이 제철을 기다린다. 어느 신발 장인匠人은 그 사람의 신발을 보면 그들의 개성도 안다고 한다. 하물며 그 사람의 병세도 알 수 있다며 너스레떨기를, '팔자로 걷는 사람은 게을러서 비만의 원인이 되며, 일자로 걷는 사람은 부지런하지만 신경이 예민하여 다툼이 잦고, 안짱다리로 걷는 사람은 욕심이 많고 잔병이 많아 단명한다.' 상식적인 풀이겠지만 이는 곧 발에 관한 현대의학의 발달에 기인된 것이 아닌가 생각한다.

조선시대에 과거보러 한양으로 떠날 때에는 개나리봇짐에 짚신 10여 켤레를 꿰차고 떠나야만 했다.

서양 사람이 1890년도에 찍은 것으로 보이는 사진에서 짚신 꾸러미를 지고 다니는 모습을 볼 수가 있다.

미국의 야구 역사가 150년이 넘었는데 그 당시 우리나라에서는 짚신을 신고 팔도를 돌아다녔으니 서양인들의 주목을 받은 것은 당연했으리라.

허나 우리 선조들의 지혜가 대단함을 짚신에서도 엿볼 수가 있다.

짚신은 구멍이 나 있어도 따뜻하다. 또한 볏짚이 살균작용으로 발의 각질균 및 세균을 사전에 예방하는 탁월한 효과가 있다는 것이다.

요즘 들어 발에 무좀균이 있는 사람들이 멋을 부리려고 짚신을 찾는 이유가 여기에 있다. 문물의 발전도 선조들의 짚신 자취를 마냥 저버리지는 못했다.

신발의 역사가 문헌에는 자세히 나와 있지 않지만 수천 년 전에는 나무껍질로 만들고 신었다는 기록이 있다. 또한 각 나라, 각 지방마다 문화의 특색에 맞춰 발달해 온 것이 사실이다. 가령 더운 지방에서는 신발에 대한 중요성이 그다지 크지 않기 때문에 맨발의 문화를 볼 수가 있다. 발의 보온이 절실한 추운 지방일수록 신발의 발달이 두드러져 고대 에스키모인들은 짐승의 가죽으로 발싸개 식의 신발을 만들어 신기 시작했고, 그것이 오늘날의 서구화된 구두로 발달된 것이다.

고려 말엽에는 집에 신발 몇 개를 예비하고 있는지, 일꾼이 몇 있는지를 평가를 해서 인구를 조사한 적이 있었다. 요즘의 주민조사이다.

다산多産으로서 인구를 만들어 나가는 미개발 국가로서는 편의상 신발을 신은 정도에 따라서 그 집의 식구로 인정을 한 셈이다. 신을 못 신을 정도의 즉, 돌 전의 어린아기는 신을 안 신겼다. 애기가 태어나서 1년이 지나고 나서야 그 집의 식구로서 인정을 하여 아기 버선을 만들어 대문에 매달아 놓았다고 한다. 그만큼 갓난아기는 언제 꺼질지 모르는 호롱불 같은 존재로 여겼는지 모른다. 신발에 대한 개념은 인간으로서의 인정 개념이었다.

가까운 중국에서는 신랑이 신부 집에서 신부에게 가지고 간 신발을 신기고 신랑 집으로 데려온다. 이집트에서도 신랑이 신부 집으로 보내는 예물은 신부가 신을 신발이었다. 그러므로 신발은 사람을 내 집 식구로 인정하는 인증 역할을 톡톡히 하는 셈이다.

요즘 들어서 갓 태어난 아기들의 앙증맞은 조그만 신발을 보노라면 귀여워서 깨물어주고 싶다.

날이 밝으면 손자들의 신발을 사러 시장에 가야겠다.

아이들 신발값이 어른들 신발값에 버금간다. 하지만 어쩌겠는가.

그 재롱에 깜빡 넘어가는 것을…….

삼다도三多島

제주도의 하늘은 색다르다. 그것은 태초 신비의 섬, 즉 여자와 돌과 바람, 삼다三多가 받쳐 주기 때문이다. 만물의 근본根本인 태동의 모체는 신비스런 암컷으로부터 오는 것이 아닌가.

제주의 오름은 어떠한가. 사이좋은 이웃 아낙들의 '젖가슴'을 보는 듯 다감한 수다를 떠는 양 봉긋한 젖가슴이 사이좋게 솟아 있다. 제주도의 어디를 둘러보아도 어머니의 넉넉함이 묻어나는 자연, 바로 여인의 젖 냄새이다.

설문대할망이 제주의 산천 99골을 만들어 범虎들을 살 수 없게 했고, 각각의 산山들은 서로를 등진 곳이 한 곳도 없다고 하니,

얼마나 오묘한 오름의 배치인가. 이웃 사랑의 연결 끈을 설문대할망은 오름의 균형 배치로서 제주도를 조화롭게 나열했다.

낭만이 넘쳐나는 제주도, 가끔 나는 성경에 나오는 멋진 구절, '젖과 꿀이 흐르는 곳'이 삼다도라고 생각한다.

설문대할망이 태고의 제주의 조물주라면 근세의 제주의 지킴이는 김만덕 할망이다. 그래서 제주도는 여성의 만리장성萬里長城이고 자애慈愛의 낙원이다. 그 뒤를 바람에 그을린 돌하르방이 묵묵히 우리를 토닥거리고 있다. 아마도 여성의 기氣에 의지한 남정네들의 기氣를 채워 주려함인가.

오름들 사이로 정겹게 받쳐주는 돌들의 형상은 또한 얼마나 조화로운가.

제주의 돌담은 제주인과 떨어질 수 없는 불가분의 관계다.

우리의 선조先祖들은 주변에 흔한 돌들을 지혜롭게 응용했다. 삶의 터인 집 담장을 돌로서 울타리를 만들었으며 죽어서도 묘 울타리를 돌로 만들었다. 제주도의 무덤의 돌담인 산담은 문헌으로는 자세히 나와 있지 않지만 사각으로 울타리를 쳐놓아 우마牛馬의 침입을 방지했고 산불을 막아 주었다. 아무튼 조상에 대한 예를 갖춘 제주인의 독특한 문화로 보아야 할 것이다. 이렇듯 거친 세파世波는 돌들과 함께 했음이 명백하다.

허준 선생이 쓴 ≪동의보감東醫寶鑑≫을 보면 신경이 날카롭거나 속이 허噓한 병자는 불에 구운 돌을 갈아서 마셨다고 하니

이 또한 제주의 화산석의 특별함이겠다.

또한 제주의 지킴이는 돌하르방이다. 몇 년 전만 해도 바닷가에 가 보면 원담(갯담)을 흔히 볼 수가 있었다.

원담(갯담)은 1970년 이전에는 제주에서의 전통 고기잡이 시설이었다. 밀물 때 물길 따라 밀려왔다. 썰물 때 빠져나가지 못한 고기들을 잡는 곳이다. 어종은 멸치가 주였지만 갈치, 오징어를 비롯한 여러 종류의 물고기를 잡는 사람들로 원담(갯담) 안은 북새통을 이뤘었다.

작년에 문화관광해설사 협회에서 ≪원담(갯담)과 불턱≫이란 책을 만들었다고 하니 책을 구해서 읽어볼 생각이다.

바람 또한 우리에게 많은 이익을 준다. 바다를 의존해서 살아왔던 제주 사람들은 예부터 바람의 고마움을 알았다. 바람은 바다를 뒤집는다. 그래야 풍부한 고기들의 양식을 만들어 주기 때문이다. 밭은 일 년에 한 번은 흙을 뒤집어 주어야 한다. 바다의 모래도 뒤집어 주지 않으면 활성화가 안 되는 것이다. 정화하려면 바다 밑바닥까지 뒤집지 않고는 사막이나 다름없는 백화현상이 발생하므로 죽어 있는 바다나 마찬가지다.

사람들이 두려워하는 태풍颱風은 어두운 심해深海 속에 공기를 주입해주는 청량제 역할을 톡톡히 한다. 물결을 일으키는 바람은 바다에 생명을 주입하는 역할을 한다.

산에서의 바람은 어떠한가. 거센 비람으로 인하여 자연적으로 약한 나무는 도태되고 강한 나무는 살아남는다. 우리에게 교훈을 주며 자연의 법칙을 일깨워준다.

어린 시절이었다. 비바람이 치는가 싶더니 대문짝이 떨어지는 소리가 들린다. 들에 매어놓은 소가 걱정이 됐던지 아버지가 집 밖으로 나갔다. 천둥소리에 놀란 식구들은 꼼짝도 못한 채 방에서 오돌오돌 떨고만 있었다. 문틈으로 봤더니 바깥채의 외양간 지붕이 바람에 날아갔다. 어머니와 우리 식구들은 서로 쳐다볼 뿐 말이 없었다.

한참 후에야 아버지는 소를 이끌고 집으로 왔다. 지붕이 날아간 외양간 모퉁이에 어렵게 소를 매었다. 그런데 이상한 것은 아버지의 얼굴이 그다지 걱정하는 모습이 아니었다. 왜 그럴까. 도무지 이해가 안 된다. 대문도 부서지고 외양간도 박살이 났는데 어른의 마음을 알 리가 없는 우리 식구는 그저 지붕 없는 외양간을 보며 불쌍한 소를 쳐다볼 뿐이다.

나중에 이유를 알았다. 육지의 농사는 태풍으로 인한 피해도 있지만, 바다는 2~3년에 한 번씩은 태풍이 불어야 고기들이 잘 낚인다는 것이다. 태풍이 없는 바다는 산소가 모자라며 고기들의 먹이인 플랑크톤이 자라질 않아서 고기가 낚이지 않는다는 것이다. 거센 바람도 고마울 수 있다니 어린 시절의 충격이었다.

내 고향, 삼다도는 돌 하나 풀 한 포기인들 아끼고 싶지 않은 것이 없다.

그래서 탐라국이 보물섬이라서 탐이 나는가.

귀신이 되어 버린 악동

초등학교 4학년 때의 일이다. 겨울비가 부슬부슬 내리고 있었다. 이럴 때면 어김없이 도깨비가 나타난다는 동네 어귀 조금 벗어난 쓰레기가 쌓여 있는 외딴 곳이 있다. 이곳에는 도깨비가 나타나 사람들을 홀려서 다치게 하거나 멀리 데리고 가서 길을 잃게 하는 등 심술을 부린다고 어른들에게 들어왔다. 동네 어른들은 도깨비불을 아니 본 사람이 없을 정도로 흔하다고 했다.

오늘같이 비가 오는 날이면 어김없이 횃불 같은 것이 나타나서 들판을 휘젓고 다닌다는 것이다.

어린 나이에 모험심이 발동했다. 옆집에 사는 초등학교 선배인 송이하고 둘이서 문제의 도깨비를 만나기로 결심을 한 것이다. 두려웠지만 거들먹거리며 용기 있는 척했다. 그 당시에는 나이에 걸맞게 도깨비에 심취해 있었는지도 모른다. 책 속에는 착한 도깨비도 더러 있는 터라 어쩌면 재미 있을 것만 같았다.

우산이 없던 시절이라서 어쩔 수 없이 아버지의 우장(억새 짚으로 엮어 만든 비옷)을 훔쳐서 목적지로 향했다. 비포장도로는 어린 우리 두 사람을 무던히도 괴롭혔다. 비에 젖은 우장은 둘이서 받쳐 들어도 그 무게를 감당하기엔 아직 어린 나이었다. 추우면 불 지필 용으로 성냥까지 준비한 우리는 그곳 도깨비 터에 도착했다. 아직은 도깨비가 없어서 다행스러웠다. 가랑비는 내리고 온 세상이 까맣다. 도깨비가 목 뒤를 잡아당길 것만 같다. 머리털이 쭈뼛이 곤두선다.

제주는 신들의 고향이라고 한다. 50년 전만해도 입춘절立春節을 전후해서 액막이로 작은 굿을 해서 짚이나 대竹로 만든 바구니에 제물을 차려 마을 입구 외진 곳에 갖다 놓는다.

집안의 나쁜 기운을 삼신할망의 도움을 얻어 몰아내기 위해 정성 들여 제물을 차려 놓고 삼재팔난三災八難을 막아 주십사 굿을 하고 제를 올린 후 액막이로 돈(1환짜리 지폐)까지 넣은 뒤 마을 밖 외진 곳에 놓는 것이다.

그때쯤이면 마을 밖, 쓰레기장 주변에는 온갖 제물이 차려 있는 액막이 바구니로 장사진을 이룬다. 때에 맞춰 귀신(도깨비)들도 제 세상을 만난 듯이 이곳으로 모여든다고 한다. 하지만 그 도깨비 귀신을 만난다는 것이 그리 쉽겠는가. 살판 난 것은 동네 서생원들뿐이었다.

으슥한 구석, 돌담을 의지해서 3월 초순의 추위를 이기려 했지만 쉬운 일이 아니었다. 둘이서 어깨를 밀착하고 우장으로 비를 가리며 도깨비를 기다렸지만 허사였다. 어른들도 거짓말을 하는가, 원망스럽다. 그 흔하다는 도깨비는 다 어디로 갔단 말인가.

시간은 자꾸만 흘러갔다. 쥐들이 바스락거리는 소리에도 온 신경이 곤두섰다. 돌무더기가 귀신으로 보이기까지 했다.

추워서 불 지필 지푸라기가 필요했다. 인가로 뛰어가서 어렵사리 지푸라기 몇 줌을 구해왔다. 다리 사이에 넣고 아껴가며 조금씩 불을 피웠다.

따뜻했지만 허리가 아파왔다. 둘이서 우장을 함께 쓴 채로 기지개를 켰다. 그때였다. "아이구야, 사람 살려." 외침과 동시에 그릇 깨지는 소리와 함께 사람이 나뒹구는 것 같았다. 우리도 동시에 겁이 났다. 도깨비가 나타났을까? 도깨비를 보겠다고 찾아간 우리들이지만 어쩔 수 없지 않은가. 어른들도 저렇게 겁나고 있으니 나쁜 도깨비임에 틀림없다. 어린 우리들이 도깨비에 잡히면 끝장 아닌가. 우리는 뒤도 못 돌아본 채 그곳을 도망쳐 나왔다. 도깨비를 보기는커녕 살아남은 것이 다행이었다.

이튿날이었다. 학교 공부를 마치고 집에 왔더니 어머니가 말씀하신다. 우리가 갔던 그곳에 불이 훤하더니 크기가 엄청난 귀신이 우뚝 서더라는 것이다. 동네 아주머니가 방서(귀신에게 드리는 제물)할 제물도 내팽개친 채 그곳을 도망쳐 나왔다고 한다. 두 모녀가 같이 봤기에 신빙성은 더했다.

며칠 후 그들 모녀는 그곳에서 넋들이 굿을 했다. 그 이야기는 삽시간에 온 마을에 퍼졌다.

다음날 친구 송이가 헐떡거리며 집으로 뛰어왔다. 그날 우리가 불을 지핀 후, 우장을 쓰고 기지개를 켰더니 그들 모녀가 우리를 귀신으로 착각을 했을 거란 이야기다. '그럼 우리가 귀신이……?' 그렇다. 어두컴컴한 자정이 넘은 시간에 호롱불을 들고서 비포장길을, 밑만 보면서 어렵게 걸어오던 모녀가 불과 7, 8m 앞에서 불이 훤하더니 엄청나게 큰 괴물이 우뚝 섰다고 해보자. 아니 놀랠 수 있겠는가.

어쩔 수 없이 귀신이 되어 버린 우리는 입을 다물 수밖에 없었다. 무엇보다 아버지께서 아끼며 사용했던 우장 이야기가 나오면 큰일이기 때문이다.

그 후로 그곳은 귀신이 나타난다는 '귀신 터'가 되었으며, 사람들은 밤에 그곳 가기를 꺼렸고 우리 둘은 영원한 귀신이 되고 말았다.

이왕에 귀신이 된 몸이라면 의로운 귀신이 되었으면 했다.

한라산

산은 언제나 사람들의 마음을 들뜨게 하는 사랑의 메시지를 전한다. 산을 좋아하는 나는 틈이 나는 대로 전국의 명산을 찾아다닌다.

특히 한라산의 Y계곡은 어머니의 곱게 빗은 머리의 가르마를 보는 듯 오묘하고 쭉 뻗은 난대림 숲은 여인네의 비너스의 선으로 보인다. 또한 여자의 어깨 같은 그 부드러운 선의 자태는 보는 이로 하여금 찬탄을 금치 못하게 한다. 그 여유로운 능선을 따라 오르다 보면 포근함에 겨워 나도 모르게 아리아의 꿈속에 빠져 들고 만다.

제주의 오름은 사이좋은 오누이처럼 다정다감하며 우리에게 많은 사랑의 교향곡을 들려주기도 한다. 그곳에서는 미움이란 찾을 수 없고, 자애롭고 너그러움만이 우리를 포용한다. 넓은 가슴으로 368개의 오름을 품에 안고 계절 따라 색다른 옷을 갈아입고 있다. 숲 사이 잔잔한 바람의 숨결은 사랑의 메아리가 되어 내 품에 안긴다.

전라도 영암에 있는 월출산은 남성적이다. 그 빼어난 경관은 나무랄 데가 없다. 가파른 산이긴 해도 너그러움과 복스러움이 넘친다.

지리산도 마찬가지다. 나는 거기서 공존이라는 삶의 법칙을 배웠다.

山과 人間은 함께 숨을 쉬며 같이 살아간다.
山은 우리에게 생명의 의미를 심어준다.
山이 주는 교육의 지표를 가슴 깊이 새겨야 한다.

한라산은 오백 장군의 위엄을 사랑으로 승화시킨 모성의 산이다.

그 편안한 무림霧林 속에서 선녀와 놀고 싶은 나는 선학이 되고 싶다.

제주島는 120만 년 전에 형성됐다고 하며, 한라산의 조상祖上격인 산방산은 70만 년 전에 태어났다고 한다. 한라山의 山은 한참 후인 3만 5천~4만 년 전에 생성됐다고 한다. 한라산이 생긴 후, 잦은 기생 화산 폭발로 오름이 생긴 것으로 보아서 산방산은 제주도의 시조始祖인 셈이다. 송악산은 2만 5천~3만 년 전에 생겼고, 그 지층에는 옛날 선사시대의 인간의 유골과 생활용품이 무수히 발견된다. 마라도를 비롯한 작은 섬들은 2,000년밖에 안 됐으며 비양도는 1,000년밖에 안 되는 막내 섬이다.

우리가 산 앞에서 겸손해야 함은 조상들이 산에서 태어났기 때문이다.

석북石北 신광수申光洙(1712~1775)는 젊은 시절을 힘들게 보냈던 시인이다. 어려서부터 글 재주가 뛰어났지만 세상은 그를 외면했다. 35세에 한성시에 겨우 2등으로 급제하고, 4년 뒤 진사에 올랐으나 문과 급제의 꿈은 좌절되고 만다. 천신만고 끝에 50세가 돼서야 영릉참봉이라는 낮은 벼슬에 오른다. 그 후 우승지까지 벼슬을 지낸, 옛 선비 석북은 제주도에 금부도사로 왔을 때 한라산을 보고 노래했다.

하늘과 물이 모두 푸르기만 해서 있는 듯 없는 듯.
사자가 탄 외로운 배는 멀리 떨어진 섬을 찾아왔네.
한 조각 흰 구름이 남녘 끝에 걸려 있으니.
사공이 가리키며 저게 한라산이라 말하네.

석북은 외로움마저 잊고 어머니를 만난 듯 가슴에 한라산을 품고 살았다. 지금은 산 중턱 광활한 평야에 노루들이 있어 석북의 시를 노래한다.

우리나라에 산재해 있는 산 중에 영산이 아닌 곳이 없음을 안다.

한라산에서 내려다보이는 기생 오름의 봉긋봉긋한 모습은 갓 피어나는 처녀의 가슴인 양, 부끄러워 서로의 그림자로 가려주고 있다. 산허리의 운무는 들꽃들의 향기 따라 우리들을 무릉도원으로 안내한다. 모든 이는 산 앞에서 겸손하라 하면서.

나는 일주일에 두어 번 산책코스로 별도봉別刀峯을 찾는다. 그곳은 바다에 접해 있어 경관이 수려하다. 그런데 인간이 돌계단을 만들어 오름[峯]의 등 정중앙을 헤집고 말았다. 어쩐지 오름[峯]을 오를 때마다 산에 죄지은 미안한 생각이 들어서 해안선 산책로를 돌곤 한다.

인간에게 꼭 필요하다면 오름이 허락하는 어깨 부위쯤 되는 곳을 산책로로 선택함이 어떠했을까, 하는 생각을 지울 수가 없다.

흔히 우리가 하는 말 중에는 산을 정복했노라고 한다. 그 말은 옳지 않다. 산은 결코 정복당하지 않는다. 다만 등정을 허락했을 뿐이다.

사람은 산山아래 존재하는데 오만하여 산을 파괴하는 동물이 되기도 한다.

별도봉 해안선을 산책하다가 노老스님을 만났다. 산책로의 긴 의자에 같이 앉은 스님께서는 "오름이 불쌍하지요?" 하고는 나의 대답을 들으려 했지만, 나는 그저 말없이 웃고만 있었다. “중생들이 오름[峯]의 고마움을 왜 모르는지…….” 별도봉 옆길 해안선 위를 날던 갈매기는 석양이 물든 구름 속으로 사라졌다.

고양이 삼형제

10년 전에 집 마당에 심어 놓은 벚꽃이 휘늘어지게 피었다.

시샘이라도 하듯이 봄비는 가녀린 꽃 볼을 때린다. 파르르 음률을 타는 자벌레처럼 움칠움칠하더니 소리없이 떨어진다. 물머금은 꽃잎은 빗물로 세태의 때를 씻겨 보낼 뿐이다.

까치 한 쌍이 벚꽃놀이를 왔는지 꽃가지를 흔들어본다. 떨어지는 꽃은 하얀 눈으로 변하더니 사방 천지가 온통 벚꽃 향기로 가득하여 상쾌하다.

새처럼 가지를 흔들어 봤다. 우수수 떨어지는 꽃잎으로 밑바닥이 하얗다. 발 디딜 곳이 마땅치 않다.

아쉽게도 벚꽃은 7일을 못 견딘다. 그래서인지 선인들은 참을성이 없다는 비유로, 조급한 선비더러 '벚꽃의 친견사인親見使人'이라 했다던가.

그 벚나무 밑에는 기르다가 버린 헌 개집이 을씨년스런 모습으로 덩그러니 남아 있다.

언제부턴가 개집 속에는 야생 고양이가 제 집인 양 지키고 있다. 큰 눈을 치켜뜨고 나와 눈싸움에서 안 지려는 듯 눈빛이 서늘하다. 어차피 주인(개)도 없는 집인지라 가만히 놔두기로 했다.

조금 후에 배가 불러 만삭인 듯한, 고양이가 기지개를 켜며 개집에서 나온다. 고양이가 있던 곳을 들여다봤다. 그런데 지저분하던 그곳은 사람이 치운 것처럼 정돈돼 있었고 헌 옷가지가 바닥에 깔려 있었다. 고양이는 이곳을 새끼치기 장소로 택한 모양이다. 유난히 고양이를 싫어하는 아내에게 발각되면 이곳을 옮겨야 할 것이 뻔하다. 근처에 놓여 있는 큼지막한 쓰레기통으로 개집 앞을 가려줬다. 나는 어쩔 수 없이 해산을 앞둔 고양이의 지킴이가 되어 버렸다.

고양이는 약 2개월의 임신 기간을 거치면 새끼 고양이를 낳는다. 태어난 후 1주가 되면 눈이 뜨고 2주가 지나면서 송송한 털이 몸을 감싼다.

나는 지구상의 모든 동물 중, 가장 깨끗한 동물을 꼽으라면 고양이를 꼽을 것이다. 잠에서 깨면 우선 혀로 세수부터 한다. 털은 어떠한가. 혀로 또는 발톱으로 틈나는 대로 가꾸어 뭉쳐있는 털이 한곳도 없는 것이 고양이다. 고양이는 더러운 곳을 밟으면 반드시 발을 씻으며 대소변을 보고난 뒤는 뒤처리를 깔끔하게 한다. 또한 혀는 날카로운 가시 같은 돌기가 있어 뼈에 붙은 살점을 떼어 먹는 데에도 제 몫을 한다.

어쩌다가 사람에게 버림받고 거리에서 쓰레기봉투를 뒤적이는 신세가 됐는지 모르지만 그것은 그들의 삶의 한 방법일 뿐이다.

옛날 한적한 시골에 노모를 모시고 홀로 사는 가난한 선비가 있었다. 선비에게는 늙은 고양이가 있어서 말동무가 되어주곤 했는데 노모가 병에 걸려 눕게 되자 가난한 선비는 어찌할 바를 모르고 애만 태우고 있었다. 그러던 어느 날 늙은 고양이가 집을 나가버려 선비는 더욱 괴로워했다.

며칠 후 집 나간 고양이가 흙으로 뒤범벅이 돼서 집 마당에 나타났다. 고양이 앞에는 산삼 뿌리가 놓여 있었고 탈진한 고양이는 마당에서 쓰러져 죽고 말았다. 늙은 고양이는 사력을 다해서 주인의 사랑에 은혜를 갚은 것이다.

지금도 경기도 용주사에 고양이 묘墓가 있으며 묘猫의 비碑에는 효묘비孝猫碑라고 씌어 있다.

5월의 산야는 생명의 소리로 연초록 물결이다. 따스한 5월 햇살이 개집(고양이집)을 비춰주고 있다. 새끼 3형제는 어미를 따라 첫 나들이에 나섰다. 아내 모르게 먹이를 줬던 고마움도 잊었는지 내 눈치만 살핀다. 살금살금 집을 나와 기웃거리더니 열을 지어 집 모퉁이로 사려졌다. 나 혼자의 짝사랑이었을까. 어디로 간 것일까. 고마움도 모르는 고양이 놈…….

다음날 개집 앞에는 고양이 3형제와 어미가 햇빛을 즐기고 있었다. 재빨리 빵 부스러기를 고양이 앞에 던져주자 어미는 큰 눈을 껌뻑이더니 새끼에게 물어다 준다. 새끼가 귀여워 만지려고 다가서면 어미는 날카로운 이빨을 드러낸다. 2m 이내의 접근을 허락하지 않는 것이다. 새끼 보호 때문인지 모르지만 야속하다. 아내에게 들킬까 봐 마음 조마조마한 것이 며칠인데, 너무나 괘씸하다. 하지만 고양이에게는 힘든 세상, 고양이 가족의 안전을 빈다.

개와 고양이는 사람과 가장 친한 동물로 알려져 왔다.

추사체로 유명한 김정희(1783~1856)는 제주 대정현에서 9년 동안 유배생활을 할 때에 개와 고양이를 벗삼아 유배지에서의 외로움을 달랬다.

"내가 남을 사랑하지 않으면, 너 또한 사랑받기를 원하지 말라."

'퇴계' 선생의 훈시가 뇌리에서 맴돈다.

경건한 소풍 길

냉수로 목을 축이고 새벽 산책길을 나섰다. 하늘은 잠에서 덜 깬 듯, 회색빛 길가엔 인동초가 하얀 얼굴로 이슬을 머금은 채 나를 반기는데 외딴집 강아지가 산책길에서 나를 알아보고 한참이나 길동무를 해준다. 몇 개월 전부터 집을 나올 때면 빵을 종이에 싸서 가지고 다니는 것이 일상화됐다. 강아지 때문이다. 주인이 알면 뭐라 할지 신경이 쓰이기도 했다.

이 길은 내 유년의 원당봉으로 가는 길, 초등학교 때부터 소풍을 다녔던 길이기도 하다. 원당봉은 내가 사는 신촌과 이웃 마을인 삼양동을 아우르는 역사적 사찰이 있는 유명한 오름이다.

새벽 원당봉 분지를 돌아 삼양동으로 이어지는 길목은 상록수

마다 연둣빛으로 물이 올라 숨을 쉴 때마다 상쾌하다. 스님의 청명한 염불 소리와 함께 목탁 소리가 산새 소리와 어우러져 산사의 평온함을 한층 느끼게 한다. 오랜 역사를 자랑하는 불탑사 도량에는 요즘 천진불의 미소가 떠나지 않는지 새벽 원당사의 낮게 깔린 안개 위로 흐르는 고요한 불경소리는 속세의 때를 벗기듯이 가슴 깊숙이 스며온다.

포구와는 1km 거리에 있어 쥬라기 시절, 바닷가에서 새끼를 데리고 노닐던 공룡 가족이 화산이 터져 분출되는 용암을 큰 눈을 껌뻑이며 신기한 듯이 고개를 높이 들고 쳐다보는 모습이 눈에 가물거리는 듯하다. 지금도 용암이 분출했던 분지를 보고 있으면 어디선가 공룡의 울음소리가 들리는 것만 같다.

지금도 화산이 분출됐던 분화구 자리에서 솟는 옹달샘은 우리나라에서는 유일한 곳이기도 하다. 이곳의 시원한 샘물은 소풍객의 갈증을 해결하는 유일한 음료로 각광을 받아왔다.

초등학교 2학년 때의 일이다. 누나들은 농사일을 돕느라 나 혼자서 소풍을 갔다. 어머니가 싸준 도시락에는 사탕과 삶은 계란이 들어 있었다. 그것은 도시락 만들 때부터 보아온 터라 점심시간을 무척 기다렸다.

원당봉에 도착해서 사탕이 들어 있는 허리에 찬 보따리 도시락을 풀었다. 그런데 납작해진 것이 아무래도 이상했다. 겉으로 만져보니 있어야할 사탕도 없다. 울상이 되서 남모르게 보따리를 헤쳐 보니 고구마 5개밖에는 아무것도 없었다. 기대에 어긋나서 울고도 싶었지만 무엇보다도 창피한 생각이 먼저 들었다. 소풍날에 고구마 도시락이라니, 시치미를 뚝 떼고 슬며시 옆으로 나와서 남 몰래 고구마를 힘껏 멀리 던져 버렸다. 들뜬 마음에 빨리 학교에 간다는 것이 소풍 갈 도시락하고 밭에 갈 도시락이 바뀐 것이다.

친구들은 보물찾기를 하면서 재미있게 놀고 있다. 하지만 나는 점심시간이 오는 것이 싫었다. 나에게는 사탕마저 없었다. 우울해서 먼 하늘을 바라보고 있는데 선생님이 나를 찾는다. 도망가고 싶었지만 어쩔 수 없이 선생님에게로 갔다. 언제 왔는지 누나가 웃으며 사탕이 들어 있는 도시락 보따리를 내민다. 사탕이 들어 있는 도시락이다. 그것을 보는 순간 울음보가 터지고 말았다. 누나 없이 혼자 소풍 온 것도 서러웠지만 무엇인지 모를 원망스러움이 나를 울렸을 것이다.

누나는 내가 화가 나서 던졌던 고구마를 악착같이 찾아냈다. 누나(6학년)는 내 덕에 밭에도 안 가고 소풍을 즐길 수가 있었다.

나중에 아버지에게 혼이 났지만…….

나는 이 길을 걷다 보면 뜻 모를 부끄러움과 흐뭇함이 교차한다.

마음이 삭막하고 허전할 때나 양심과의 싸움이 심할 때 이곳에서 마음을 달랜다. 가끔 가슴이 비어 있을 때에도 원당봉 소나무에게서 나의 작은 가슴을 채운다.

이 길은 소중한 추억의 길이며 나의 긴 여로다. 추억을 뒤돌아 볼 수 있는 길이 있어 마냥 흐뭇하다. 지금 나는 박하사탕을 먹고 있다.

5부

맹자 母는 교육열도 대단했지만 자식 사랑도 유별났다.
맹자는 자신의 음식을 먹는 모습을 좋아하는 어머니 때문에 과식을 해야 했다. 그 결과 평생을 위장병으로 고생했다고 한다.
어버이는 쓴 것을 먼저 먹지만 자식은 단 것을 먼저 먹는다.

어머니의 통장

어머니는 2남 6녀를 낳으셨다. 내가 세 번째다. 밑으로 줄줄이 다섯 남매가 있으니 커가면서 본 것은 늘 아기에게 젖을 먹이는 어머니의 모습이다. 밭에 가려면 어머니는 애기구덕*을 짊어져야 했고, 누구는 점심을 가지고 가야 한다. 식사 때가 되면 어떠한가. 맛이 어땠냐는 것은 고사하고 양만 많으면 됐다. 큰 양푼에 5~6명이 둘러앉으면 밥 한 술을 더 뜨려는 숟가락 소리가 요란했다. 어머니는 밥이 모자라면 당연하다는 듯 누룽지로 끼니를 때우셨다. 그 생각이 떠오르면 지금도 가슴이 쓰리다.

아버지는 그 많은 식구를 먹이느라 몸에는 늘 땀 냄새가 묻어 있었다. 그 덕에 광에는 늘 보리가 가득했고 겨울이면 집 뒤 조그만 텃밭 구덩이에는 고구마가 식구의 군것질감으로 충분했다. 또한 어머니의 갈옷 바지주머니는 우리의 은행창구였다. 조르면 언제든지 돈을 꺼내준다. 그 많은 식구들을 보살피려면 어찌 비상금이 없겠는가. 부끄럽게도 지금에 와서야 어머니께서 아끼며 나눠 줬던 용돈의 값어치를 알 만하다. 물림으로 옷을 내려 입고, 물림으로 교과서를 읽어 온 우리 8남매의 뒤치다꺼리에 하룬들 편했으랴.

이제 93세이신 어머니는 아직도 건강한 모습이니 조금은 안심이다. 나는 효도란 그리 쉽지 않음을 느낀다. 딸 집에 계시는 어머니에게 전화 한 통 한다는 것이 그리 쉽지 않다. 어머니는 입버릇처럼 항상 말씀을 하신다. 어느 손가락 깨물어 안 아픈 곳이 있겠냐며 모두들 건강하게 잘 살았으면 한다.

얼마 전에 아내와 누님 가족들을 대동하고 어머니를 뵈었다. 우선 건강한 모습이 반가웠다. 어머니는 큰아들인 나에게 가장 많은 시선을 주었고 대화를 원하셨다. 하지만 나의 대화 방식은 언제나 시큰둥하고 곱살스럽지 못해서 어머니의 마음을 아프게 하기 일쑤였다. 딸처럼 사위처럼 다정다감하게 이야기를 해야 하는데 그게 그렇게 힘 드는 것일까. 내 손 잡아 주시는 어머니의 까칠한 손이 따스하다.

'효도를 하자 해도 어버이는 기다려주질 않는다.'라고 하지 않았던가. 지금이라도 진실 담은 곱상한 말들을 찾아야겠다.

이튿날 아침 어머니가 가장 일찍 일어나셨다. 육십 살이 다 된 아들에게 맛있는 걸 사준다며 시장에 가자고 하신다.

"어머니 돈 있으세요?" 넌지시 물었다.

"걱정 마라. 내 수중에는 아들 딸 판 돈이 두둑하다."

자식들을 결혼시킨 것을 돈 받고 팔았다는 재치 넘치는 어머니의 유머감각이다. 은근슬쩍 웃으시며 통장을 자랑한다. 통장을 살펴보니 입금한 딸들의 이름이 빼곡히 적혀 있고 아들인 내 이름은 없다. 얼굴이 화끈 달아올랐다.

'어머니 죄송합니다.'란 말도 차마 못하고 슬며시 딴청을 부렸다. '욕을 하셔도 좋습니다. 부디 건강하게 오래 살아만 주세요.' 마음속으로 빌 뿐이다.

딸들이 격년에 한 번씩 어머니가 계시는 청주까지 찾아가서 어머니를 뵙는데 아들인 나로서는 그저 감사할 따름이다. 그러던 중에 아들이 딸들과 함께 돼지까지 잡아서 어머니를 뵈었으니 어머니의 기쁨이 오죽했으랴.

언제부턴가 딸 6자매가 매달 어머니에게 용돈을 부쳐 드린다는 것을 알고 있다. 큰아들인 나는 조금 여유가 있을 때 목돈을 몇 번 드린 것이 고작이니 누이들에게 고맙고 어머니에게는 송구스럽다. 딸들이 어머니에게 잘해드리니 아들인 내가 낄 틈이 없어서 소홀해지는 걸까.

백 세를 바라보시는 어머니의 활력소는 통장에 있는 일천만 원이다.

그 돈은 어머니의 자존이 걸려 있고 건강까지 지켜주고 있다. 어머니는 씀씀이도 커서 손자들에게 건네주는 돈도 넉넉하다. 극구 사양해도 통하질 않는다. 손자들의 손에 주고 싶은 돈을 주어야 직성이 풀리신다.

그 옛날 식구들 뒷바라지로 손에 물 마를 날이 없었고 식용수(바닷가 용천수)를 길어 와서 물 항에 가득 채우려면 얼마나 힘이 들었을까. 힘든 어머니의 일상이었지만 표정은 언제나 밝았다.

이제 어머니는 증손까지 합쳐서 80명이 넘는 대가족을 이루었다. 그 많은 가족의 수장으로서 많은 용돈이 필요할 것이며 근심 걱정 없을 날이 며칠이나 있었으랴. 무릇 아름다움이란 자신의 삶의 자세에 대응하여 편애를 버리고 마음을 넓히는 것이리라.

딸 둘 키우는 데도 힘들어했던 나로서는 어머니가 아름다움의 화신으로 보인다. 30년 전 돌아가신 아버님의 목소리가 들리는 듯하다.

"너희들만 잘 살아도 그게 효도하는 거여."

집 앞 전신주에는 첫 나들이 나온 제비새끼들이 어미가 물어다 주는 먹이를 서로 다투며 받아먹고 있다.

---

* 아기를 잠재울 때 쓰는 대竹로 만든 바구니.

대머리

나이가 많아짐에 따라 점차적으로 머리 카락이 적어진다.

이마가 훤해지거나 머리의 중앙이 텅 빈다. 그만큼 많이 빠졌다는 얘기다.

거울에 비친 내 모습이 어딘지 모르게 단추가 떨어져나간 옷을 입은 것처럼, 비어 있는 지갑을 들여다보는 것처럼 느껴진다.

야성이 넘치는 동물들은 허세를 부릴 때 주로 목에 털을 꼿꼿이 세운다. 힘이 있다는 것을 보이기 위함이다. 털의 힘이 육체의 힘을 반증이라도 하는 것일까?

그리스 신화 중에 머리털로 유명한 인물이 있다. 오십여 년 전에 〈삼손과 들릴라〉라는 영화를 본 적이 있다. 기독교 계통의 영화인데 남녀 사랑도 적과의 동침이나 다름이 없어 전율이 넘쳤지만 머리털에 얽힌 내용은 지금도 잊을 수 없다. 삼손은 '소렉 골짜기'에 사는 여자를 사랑하게 되었으나, 결국 이 때문에 원수들의 제물이 되고 말았다. 들릴라는 삼손을 속여서 그 힘의 비밀이 나지르 인으로서 길게 기른 머리털에 있음을 알아내고 필리스티아 사람들에게 이를 일러바쳤다. 삼손이 잠든 사이에 들릴라는 그의 머리털을 잘라버렸다. 삼손은 사로잡혀 두 눈이 뽑히고 필리스티아 사람들 밑에서 노예생활을 하게 되었으나, 결국은 복수를 하고 만다. 그는 옛 힘을 되찾아 가자에 있는 필리스티아 사람들의 다곤 신전을 무너뜨려 자기를 잡은 자들을 죽이고 자신도 죽었다(판관 16 : 4~30)고 한다. 그 뒤로 들릴라라는 이름은 요사스럽고 믿을 수 없는 여자를 지칭하는 것으로 되었다.

몇 년 전만해도 수챗구멍이 막힐 정도로 머리털이 빠지더니 이제는 아예 빠질 털도 없는 모양이다. 가느다란 털 몇 올이 비누에 붙어 있는 걸 보면서 아내가 해주는 보약의 의문점을 알았다.

아쉬움은 있지만 남아 있는 머리카락이 정겹다. 반짝이는 정수리의 의젓함은 명예로운 세월의 증거인가. 거울에 비친 앞머리를 가볍게 빗으로 넘겨본다.

요즘 TV, CF광고에서는 유명 연예인을 내세워 가발 선전에 열을 올린다. 가발을 썼으니 모습이야 바뀌겠지만 그 사람의 인품이야 바뀌겠는가. 그래도 매사에 자신감은 생긴다고 하니 다행이다.

가까운 지인 중에 가발을 쓴 친구가 있다. 그는 바람이 불거나 비가 오게 되면 온통 머리에 신경을 쓰느라 제정신이 아니다. 어쩌다 이발소에라도 가게 되면 가발 손질을 부탁하느라고 주문이 요란하다.

자연스러운 모습이 얼마나 좋으냐고 위안을 해도 나이가 들어 보인다며 여태 가발 타령이다.

나도 앞머리가 많이 빠져서 머리를 넘기지 못하고 눈썹 위를 덮는 헤어스타일을 고수하고 있긴 하지만 너그러운 성품을 키운 중년의 중후한 모습은 또 다른 아름다움이라고 생각한다. 자연스런 제 모습 그대로 삶을 살아가는 것이 진정한 아름다움이 아닐까.

대머리는 결코 병이 아닌 것이다. 또한 부끄러운 것도 아니다. 오히려 머리 감기가 얼마나 편한지 모른다. 구태여 머리 손질할 것도 없이 손으로 몇 번 쓸어올리면 그만이다. 얼마나 편한가. 그렇다고 해서 대머리 예찬자는 아니다.

머리가 벗겨진 남자들은 똑똑하고 의욕이 많다고 한다. 하지만 의욕은 본받을 만하나 욕심은 친구마저 버린다는 말이 있다.

경계해야 할 일이다.

나는 화장실에 가면 면도를 하기 전에 비누를 들여다보는 습관이 있다. 귀찮은 턱수염을 머리털과 바꿀 수는 없는 것일까. 이식할 날은 언제인가?

'비누'란 깨끗함의 상징이다. 마음의 때까지 씻어주는 상쾌함의 명사이다.

가끔 대중목욕탕에 가보면 사용했던 비누가 온통 머리털로 감싸 있음을 종종 보게 된다. 그 비누를 사용했던 사람의 행동 방식이 문제다.

비누는 BC 2500년경 산양기름과 끓인 재를 혼합하여 만들었다고 한다. 이후 제조기술이 발달하여 1771년에는 프랑스에서 제조기술이 혁신적으로 발달하였고, 1950년대에는 한국에서 합성세제를 만들었다. 지금에 와서는 세정력이 탁월한 합성세제의 남용으로 인한 하천 오염의 심각한 문제를 야기시키고 있다.

1920년도에 미국의 모리스 브라운이 찍은 사진을 보면 아낙네들이 창포로 머리 감는 사진을 볼 수가 있다. 창포란 식물로서 머리털에 자극을 주지 않는 최상의 비누 대용품이었다. 그 시절에는 요즘 흔한 대머리가 드물었음은 물론이다. 요즈음에 들어서 서구화 식단으로 기름진 음식을 많이 섭취하여 탈모 현상이 두드러진 것이다. 또한 산업화 시대의 경쟁의식 속에 스트레스가 가중될수록 탈모 현상이 심해지고 남자들의 대머리가 많아진 것이다.

아무렴 어떠랴. 그래도 손녀가 털이 드문 매끄러운 나의 머리를 만져주는 즐거움은 있다.

텃밭

마당에 5평 남짓한 텃밭이 있다. 지난가을에 파종해 겨울 내내 식단을 싱싱하게 했던 배추 몇 포기가 꽃을 피웠다. 향기가 그윽하다. 꿀벌들의 합중주 소리에 맞춰 어디서 왔는지 노랑나비 한 쌍이 나풀나풀 춤을 추며 주위를 맴돈다. 뽑으려고 하니 무척이나 망설여진다. 벌과 나비가 멀리 날아갈까 봐서 더욱 안타깝다.

해마다 5월이 되면 이곳에 무엇을 심을까 하고 행복한 고민을 한다.

지난해에도 이곳에 고추와 들깨, 상추를 심어서 식단을 풍성하게 했다. 문을 열고 나가면 싱그러운 고추와 오이가 있으니 반찬 타령이 있을 수 있겠는가. 이웃과 나눠 먹을 생각을 하니 벌써 밥상이 푸짐하다.

요즘에는 이웃과 마음을 터놓고 대화를 하는 것이 어려운 시대다. 대문을 잠그고 살다 보니 누가 있는지조차도 알 수 없어 삭막하다.

조그마한 텃밭에 심은 고추와 상추는 싱싱하게 자라서 이웃과 함께 뽑아 먹는 재미도 있지만 정을 나누는 효자 역할을 톡톡히 한다. 나누는 대화도 이슬 머금은 채소같이 싱싱하고 참스럽다. 멀지 않은 곳에 대형마트가 있지만, 직접 유기농으로 키웠기 때문에 안심하고 먹을 수 있기 때문이다. 무엇보다도 들깨 잎은 벌레가 좋아해서 가꾸기가 무척 힘이 든다. 마치 벌레의 집합소와 같다. 또한 들깨 잎은 잎의 특성상 오돌도톨해서 농약이 묻으면 잘 씻겨지지 않기 때문에 더욱 신경을 써야 한다. 어찌나 벌레가 극성인지 재배농가에서는 농도가 낮은 농약이라고 하지만 5일에 한 번은 농약을 살포한다고 하니 어디 마음대로 먹을 수가 있겠는가. 하지만 나는 한방약을 사용한다. 나무를 태우면 나오는 엑기스(목초액)에 마늘을 갈아 넣어 농약 대용으로 사용한다.

어제는 비가 오더니 오늘은 언제 그랬냐는 듯이 날씨가 화창하다.

여러 가지의 모종을 사왔다. 마당 텃밭에 모종을 심으려고 하니 이웃이 모여든다. 모 방송국의 삶의 체험현장을 방불하게 했다. 비좁은 터에 5~6명이 모여들었으니 일은커녕 앉을 자리도 없을 지경이다. 다정한 이웃들이 소매를 걷어붙이고 야단법석이다. 자기네 마당에 심은 상추며 들깨는 해마다 키우기가 어려운데도 이곳의 채소들은 매년 싱싱하게 자란다며 노하우를 알려 달라고 성화다. 어디 그것이 1~2년에 터득할 수 있는 것인가. 차라리 이곳에서 뜯어다 먹는 것이 훨씬 쉽겠다며 한두 사람 집으로 가더니 먹을거리를 가지고 온다. 일은 고사하고 생각하지도 못한 먹거리 파티가 벌어졌다. 농촌의 향연이다.

마당에 채소를 파종하면 먹거리로만 즐기는 것이 아니다. 거기엔 파란 순수가 있고 동심의 동요가 있으며, 새싹이 움트는 어릴 적 나의 모습이 있다. 하루가 다르게 속잎이 푸르게 자라는 것을 보는 재미는 하루를 즐겁게 하는 요소이기도 하다. 집 앞에 들어서면 제일 먼저 반기는 것은 싱그러운 채소들의 미소다. 어쩌다 뜯은 흔적이 보여 안쓰러움도 있지만 언제나 속살을 보이며 싱싱함을 선사한다. 조금의 사랑을 베풀면 마냥 주기만 하는 파란 마음의 결정체이다.

성철 스님이 길을 가다가 보리밭에서 김을 매는 여인에게 말을 건넸다.

"왜 그렇게 힘들게 풀을 뽑고 있으시오?"

"잡풀이 있으면 보리가 자라지 않으니까요."

성철은 "잡풀이란 없으며 영약 중에 풀이 아닌 것이 없는 것을…….”

“풀을 안 뽑고 어떻게 농사를 짓습니까?”

“풀을 가꾸시오. 그러면 안 뽑아도 되지요.”

어이없는 성철스님의 말에 김을 매던 아낙은 말문이 막혔다. 말인즉, 풀들이 있어야 보리도 경쟁적으로 같이 성장한다는 뜻이며 이 세상에는 필요 없는 잡풀이란 없다는 뜻이다.

요즘에 웰빙시대라 하며 녹색 바람이 일고 있다. 우리 주변에는 몸에 좋다는 녹색 식물들로 가득하다. 다만 마음놓고 먹을 수 없다는 것이 흠이다. 바닷고기도 등 푸른 생선이 몸에 좋다고 한다. 녹색은 마음마저 젊게 한다.

젊음의 색깔은 푸른 것이다. 마당 빈 터를 그냥 놔 둘 수는 없지 않은가. 여름이 오면 마당에서 자란 풋고추가 입맛을 향긋하게 할 것이다. 손녀의 노랫소리가 들려온다.

‘우리들 마음에 빛이 있다면 여름엔 여름엔 파랄 거예요.’

여름이 기다려진다.

장애라는 것은

지난가을에 독감 예방 주사를 맞았다. 건강에 자신이 없어서라기보다 예방 차원에서 맞아두는 것이 낫지 않겠냐는 생각에서였다.

독감 예방 주사는 몇 가지 바이러스 독감이 예방될 뿐 모든 감기가 예방되는 것은 아니다. 의심이 병이라 했던가. 지독한 감기를 앓아야 했다. 두통이 심하고 열이 오르더니 심한 기침으로 눈물과 콧물이 마를 새가 없다. 세상에 가장 답답한 것은 코 막힘이다. 콧물만 줄줄 흐를 뿐 막힌 코 때문에 정신까지 몽롱하고 정신이상이 올 지경이다. 코로 숨을 쉴 수만 있다면 어떠한 어려움도 견딜 수 있다는 생각이 들었다. 그렇게 2~3일을 참고 잘 넘긴 것이 용하다. 자신의 인내심에 부끄러움이 밀려온다. 코가 막히면 입으로 숨을 쉬면 되는 것이 아닌가. 급한 성격에 참을성이 부족하다는 것이 나의 가장 취약한 장애임을 몰랐던 것이다.

공자가 세 사람의 장애인에게 물었다.

처음에는 팔과 다리가 없는 장애인에게,

"너의 희망이 무엇이냐."

"만져보고 걸어 다니는 것입니다."

다음에 시각 장애인에게 물었다.

"너의 희망은 무엇이냐."

"예, 사물을 볼 수 있는 것입니다."

다음에는 청각 장애인에게,

"너의 희망은 무엇이냐."

"예, 남이 말하는 것을 들을 수 있는 것입니다."

공자는 말했다.

"모두가 만족할 수 없는 것은 욕심에서 오는 것이야. 너희는 숨 쉴 수 있는 행복을 왜 모르는가." 공자 사록에 나오는 말이다.

장애에는 두 가지가 있다. 정신적인 장애와 육체적인 장애다.

안타깝게도 이 세 사람은 육체적 장애와 정신적인 장애가 함께 있는 것이다.

제주시에 있는 ㅇㅇ원이라는 장애인 학교를 다녀온 적이 있다. 그들은 사회에 진출하기 위해 열심히 교육을 받고 있었다. 공부하는 모습에서는 장애인이라고는 볼 수 없을 정도로 배움의 열정으로 땀을 흘리고 있었다. 장애를 이겨내는 성취의 보람으로 이마에 흐르는 땀방울은 구슬처럼 반짝인다.

나는 장애 중에서 판단장애가 사회에서 가장 슬픈 장애임을 몰랐었다. 그들을 잘못 봐 왔던 나의 판단장애가 있었음을 그때야 알았다. 내게 많은 것을 가르쳐준 그들이 고마웠다. 그들은 나의 스승이며 복지사회의 현역이다.

내가 아는 지인 중에도 정신 장애인이 있는 것 같다.

긍정적이지 못해서 항상 모든 사물을 의심하고 비판한다. 또한 남들이 자기를 치켜세우면 기분이 좋아서 어쩔 줄 몰라하지만 남을 칭찬하는 일에는 인색하다. 그런 것이 인격 장애이다.

아집과 독선은 자신을 고립시켜 결국은 외로움을 가져올 뿐이다. 이해와 타협을 원한다면 먼저 자신에게 양보의 미덕이 필요하다. 자신의 마음을 활짝 열고 남에게 미덕을 베풀 줄 알고 남들 앞에서 자신을 낮추어야 한다. 자신의 육체적 정신적인 성찰도 알아야겠다.

정신적인 장애는 더욱 위험하다. 근간에 매스컴에서 자살 보도가 심심찮게 나온다. 정신 장애자의 자살비율은 육체 장애자의 자살비율보다 현격히 높다. 안 가진 것이 없어 보이는 유명인사들도 원한에 못이겨 스스로 목숨을 버렸다. 무엇이 그토록 괴롭게 했을까? 그것은 자제력과 욕구 불만족에 의한 현대정신병이다. 지나친 욕구로 인해 자아가 상실되고 자괴감에 빠져서 이성과 판단이 흐렸던 것이다.

현대에 와서 장애 없는 사람이 어디 있으랴.

물질문명이 서구화로 변함에 따라 60년대에만 해도 없었던 각종 성인병이 우울증과 함께 인간의 생명을 위협하고 있다. 가난한 국가에서는 찾아볼 수 없는 아주 호사스러운 병이다. 배가 고프면 성인병은 없을 것이고 바쁘다 보면 우울증도 사라질 것이다. 어쩌면 잘 먹고 잘 산다는 것이 더 힘들지 모른다. 차라리 못 먹어도 행복했던 옛날을 원하는 것인지 모른다.

대조화의 법어를 보면

'모든 이와 화해하라. 용서하고 감사해라. 참된 화해는 억지로 참는 것이 아니니, 진정으로 감사할 때, 비로소 이루어지기 때문이다.'란 법문이 있다.

공감共感을 가지고 화해하며 용서할 때 비로소 감사가 따라오는 것이다.

남의 잘못은 용서하며 결코 자신의 잘못을 용서하지 못한, 그리스 신화의 '미넬 라오스'는 독화살촉을 삼키면서,

'내 눈과 귀와 입은 남들을 보고 듣고 말하는 데에만 사용했지, 나를 보고 듣고 말하는 데에는 인색했음이니라.'라고 했다. 자기의 인식 장애를 깨달은 것이다.

숨 쉴 수 있음에 감사하고, 보고 듣고 걸을 수 있음에 감사하고, 가족과 이웃이 함께 있음에 감사한다. 봄이 왔음에 또한 감사한다.

봉사활동에 참여했던 아내가 들어왔다. 햇볕에 그을려 불그레한 얼굴이 아름답다.

춤바람

아직도 우리 사회는 사교춤 문화 정착이 멀었나 보다.

친구들과 술을 마시면 2차로 찾게 되는 곳이 노래방이다. 노래를 몇 곡조 신나게 부르다 보면 쌓인 스트레스가 저만치 물러선다. 아울러 다음날 취기가 온데간데없이 말짱해진다는 것이 노래방 애호가들의 변이다. 그런데 그 노래방이 문제다. 5평 남짓한 좁은 공간에 탁상이 있으니 사람이 겨우 서서 노래를 부를 수 있다. 그 좁은 공간에 화장법도 잘 모르는 듯 두툼하게 파운데이션을 바르고 입술은 새빨간 립스틱으로 짙게 바른 여인이 큰 엉덩이를 요리조리 흔들면서 다가온다. 옛날 선술집에서 두

드리는 젓가락 장단이나 어울릴 것 같은 모양새다.

소문에 의하면 노래방 도우미로 유부녀들이 노래방을 들락거린다고 한다. 어쩌면 내 자신부터 단속을 해야 한다는 생각이 드는 것 자체가 우습다. 나는 노래방에서 도우미를 찾은 적이 없다. 다행히 본인은 춤을 못 추기 때문에 도우미 같은 여성이 그다지 필요하지 않아서인지 모른다. 흥이 오르면 목에 힘을 주어 흘러간 옛 노래 몇 구절을 구성지게 부르고 나면 만사가 형통이다. 하지만 노래하는 옆방에서 남녀가 부둥켜안고 춤추는 걸 보면 괜한 심통이 나는 것도 사실이다. 뭐가 그리 좋은지 그 좁은 공간에서 달싹 붙어서 돌아가는 모습은 참으로 가관이다. 그건 바로 식당에서 칫솔질 하는 모습과 다를 게 없다. 춤추고 노래하는 곳은 엄연히 장소가 따로 있는 것이다.

어느 날 친구 두 사람과 노래방을 찾은 적이 있다. 구석진 곳으로 안내됐다. 구식인 나는 그들이 도우미를 부르는 데 어쩔 수 없이 동조했다. 신청곡이 끝나기도 전에 도우미는 마치 옆방에서 대기하다가 온 것처럼 금방 들이닥쳤다. 도우미 여성들이 오자마자 기다렸다는 듯이 친구들은 마치 연인들처럼 부둥켜안고 몸을 비비기 시작한다. 물 만난 고기들이다. 아무런 대화나 인사도 없이 먹이를 노리는 늑대처럼 달려들어 돌아가기 시작한 것이다. 춤을 못 추는 나로서는 당연히 노래나 할 수밖에 별 도리가 없었다. 노래 두 곡이 끝났다. 그래도 그들은 붙어 있었다.

나는 은근히 심보가 뒤틀리기 시작했다.

'돌다가 허리나 삐끗해 버려라…….' 나는 옹졸하게도 간다는 말도 없이 그곳을 나와 버렸다. 춤을 배워야겠다는 생각이 문득 스친다.

사교춤은 파티를 위한 교류의 춤이다. 예의를 갖춘 멋진 생활의 스포츠로 자리매김을 해야 한다.

그러나 아직까지 우리가 아는 사교춤은 모르는 남녀가 쉽게 만나서 정을 통할 수 있는 쾌락의 통로다. 그래서 심심찮게 낯붉히는 사건이 종종 터지는가. 몸을 밀착시켜 어울리다 보니 서서히 친해지고 급기야 가정파탄을 일으키기도 하는 것이리라.

서양에서는 초등학교 시절부터 사교춤을 교육의 일부분으로 가르치고 있다. 독일의 경우 약 16세가 되면 교육과정으로 3개월 정도 사교춤을 배운다.

부모의 강요도 있겠지만 춤의 문화와 여유로운 생활로 사교춤이 정착됐기 때문이다. 집집마다 옷장에는 식구들의 댄스 복이 갖춰져 있다. 춤은 삶의 일부분인 셈이다. 춤이 없이는 생활의 리듬이 없다는 서양인들의 삶, 그 자체인 것이다.

기원전 구석기 시대에서도 부족 간 싸움이 있게 되면 춤으로서 용기를 북돋웠다. 또한 동물을 잡으면 기쁨의 춤을 추기도 했다.

서양에서 처음 남녀가 따로 춤을 추다가 약 오천 년 전부터 남녀 혼성 단체 춤이 생겨났다고 한다. 사교춤의 형태로 남녀가 짝을 이뤄서 추는 춤은 19세기 말 영국에서 시작되었다. 이것이 사교춤의 원조로 통한다. 당시만해도 영국 정부에서는 춤을 사회 문란의 주범으로 보고 춤 금지령까지 내렸다고 하니 춤의 폐해를 짐작할 수가 있다. 내 주위에서도 춤으로 인해 가정 파탄이 된 경우가 한둘이 아니다.

서슬이 퍼런 독재정권 시절에는 춤이 사회적 문란의 원인이 되자 한때 춤 금지령까지 검토했다고 하니 심각했던 사회혼란을 반증이라도 하는 것일까. 어쩌면 동서양의 동일문화로 보기에는 우리 주변에서 야기되는 상황이 너무나 심각하다.

아직은 덜 익은 사교춤의 문화가 항상 가정의 행복을 위협한다. 고지식한 나로서는 배울 엄두도 나지 않지만 구태여 강짜 심한 아내를 설득하면서까지 배워서 무얼하겠는가. 춤 못 추는 자의 푸념이다.

감귤나무

제주도에서 감귤의 실익實益은 실로 엄청나다. 가구당 약 삼천만 원의 수익으로 그 어느 수입보다 제주인의 살림을 살찌운 고마운 품목임에 틀림없다. 그럼에도 불구하고 요즘에 들어서 다소 사양 품목이라니 가슴이 아프다. 예부터 감귤은 대학나무라 일컬으며 제주의 농가 수입의 메카로 자리매김해온 것이 사실이다.

1950년대 후반부터 1960년대까지는 생산량이 적어도 가격이 비싸 소득이 높았다. 그 후 1960년대부터 농어민 소득증대 사업에 따른 정부의 지원으로 급속히 재배면적이 불어나기 시작했다.

원산지는 아시아 동부에서부터 필리핀까지 그리고 인도네시

아와 호주까지를 포함한 남아시아 아열대 지역에서 야생상태로 널리 분포되었던 것으로 알려지고 있다. 또한 인도와 북부에서 미얀마 북부까지 넓은 지역이 감귤 발생의 중심지로 믿어지고 있다.

임금의 진상품으로까지 귀한 대접을 받아온 귤은 성균관 학자들의 성적에 따른 상품으로도 쓰였다고 하니 그 귀중함은 실로 막중했다고 할 것이다.

그러한 감귤이 지금은 많은 농가들이 재배해서 농가 수익을 올려왔다. 근래에 와서 생산량의 폭증과 타 과수의 물량 공세에 밀려 고전을 면치 못하고 있다. 제주도청에서는 1차산업이며 생명산업이라며 감귤정책을 최우선으로 정하여 감산 정책을 펴고 있는 것도 사실이다.

제주도의 5월은 유채꽃과 더불어 감귤 꽃향기로 천지를 진동한다. 효자의 향기다. 그 향기에 취해 지난 세월의 고난은 씻은 듯이 사라진다.

5년 전이다. 서울에서 귀향한 선배가 밀감 과수원을 한다고 법석였다.

3천 평의 과원은 관리하기가 그렇게 녹록하지 않다. 소독하고 난 뒤 밀감 수확하는 것만이 감귤농사의 전부가 아닌 것이다. 충분한 경험과 노하우가 없으면 절대로 불가능하다. 실로, 나무와의 대화 섞인 사랑과 토양의 영양분을 파악해야 하는 감귤농사의 절대적인 교육이 필요한 것이다. 땀만 흘려서 되는 것이 아니다. 토양과 감귤묘목 관련 서적만도 수십 권이다. 일기에 따라 소독약도 수시로 바꿔줘야 하고 품종에 따라 일손도 달라져야 한다. 서울에서 귀향한 선배는 오로지 땀은 거짓이 없다는 일념으로 감귤농사를 짓는다. 요즘의 흙은 병을 앓고 있어서 치료를 원한다.

며칠 전 그 선배의 감귤농장을 찾아갔다. 우선 나무의 형태가 마음에 거슬렸다. 유기농이란 재배방법을 선택한 선배는 노랗게 힘을 잃은 나무를 그저 자연적으로 회복되기만을 기다리고 있었다. 안타깝게도 풀이 무성한 밭의 나무는 거의가 아사상태였다. 무엇보다 급한 것은 영양회복이었다.

근 5년 동안 밑거름 사용을 안 했다고 한다. 화학비료는 금하되 퇴비는 절대적이다. '뿌린 만큼 거두리라.'는 말은, 농사의 삼대 요소를 곁들여야 가능하다는 말이다. '좋은 씨앗, 좋은 거름, 참된 땀'이다. 여기에서 화학비료는 제외된다.

웰빙시대의 농사는 맞춤형 음식농사 시대이다. 물로 간단히 씻고 먹을 수 있는 농산물이 이 시대의 요구이다.

야사野史엔가, 율곡이 다섯 제자를 불러놓고 가장 맛있는 음식들을 가져오라고 했다.

다섯 제자는 각종 고기며 몸에 좋다는 귀한 음식재료를 잔뜩 가지고 왔다.

율곡은 가져온 음식재료를 살펴보다가 고개를 설레설레 흔든다.

제자를 내려다보던 율곡은,

"고기는 육신을 태우며, 단 음식은 정신을 해害하게 한다. 음식 중에 최고는 자연에 있는 채소로 만든 쓴苦 음식이니라."라고 했다.

우리는 자연 재료로 만든 음식을 먹고 살아야 할 것이다. 밀감을 자연 그대로의 과수로 만들 수 있다면 최고의 식품이 될 것이다.

전국의 각 도道마다 지정된 상징 나무가 있다. 우리나라에서는 유일하게 제주에서만 자생하는 녹나무가 제주도의 상징 나무다. 사시장철 푸르고 생명력이 강하며 약초로도 사용한다. 또한 사찰寺刹의 목어木魚를 만들 때 최상품으로 쓰는 고급 수종이기도 하다.

하지만 제주도를 키워준 효도의 나무, 감귤나무를 제주의 나무로 지정해도 좋을 듯하다.

노년은 아름다워야 한다

'내가 왜 이러지? 무엇을 하고 있는 거지? 요즘에는 가끔씩 내 자신의 존재에 의문이 생긴다. 나이 때문만이 아니다. 무엇인가에 집중이 안 됨은 물론 의욕이 없다. 산행을 해 봐도, 책을 몇 장 넘겨봐도 거리에 나뒹구는 10원짜리 동전 같은, 세상과는 동떨어진 느낌이다. 주머니 두둑하게 만 원짜리 몇 장을 넣고 다녀 봐도 왠지 허전한 마음을 달랠 수가 없다.'

≪노년의 심리학≫에서 읽은 줄거리이다.

내게도 와 닿는 얘기다.

며칠 전 오일장에서 반쯤 누워 구걸하는 걸인에게 오천 원짜리 지폐를 바구니에 넣어 줬더니 고맙다는 인사는 고사하고 지나가는 사람에게서 이상한 눈총을 받았을 뿐이다. 무엇을 하여도 허전한 마음은 더욱 심란하다. 저렇게 몸이 불편한데 내가 준 오천 원이 바람에라도 날아가면 어떻게 주워올지 걱정이 앞선다.

오일장을 한 바퀴 돈 후 그곳을 다시 찾아가 봤다. 내가 넣어 준 오천 원 지폐가 바구니에 없었다.

아까 넣은 오천 원이 없다고 말하자 그는 조금 웃는 듯하더니 호주머니를 조금 여미며 보여준다. 그 속에서 천 원짜리에 섞인 오천 원 지폐가 보였다. 무안한 나는 얼른 대화를 텄다.

구걸 자도 지혜가 있었다. 바구니에는 동전 몇 개만 남겨놓고 지폐는 따로 보관하는 요령이 있었다. 그는 한나절의 구걸로 삶의 기대치를 보상받는다. 그의 나이 50세라고 한다. 한창 나이에 몸이 장애니 그 심경이 오죽하랴. 하지만 삶의 성취를 그곳에서 찾는지도 모른다.

그는 잠시 뒤에 어렵게 자리를 떴다. 몸이 괴로워서였을까? 아니면 오늘의 수입 목표를 달성해서일까? 아무튼 목표가 있는 생활이었다면 하는 마음이길 빈다. 그는 비록 장애의 몸으로 구걸을 하지만, 오늘의 목표와 성과를 마칠 수가 있었던 것이다.

노년의 생활도 마찬가지다. 자기의 분명한 목적이 있는 행위의 결과가 있다면 그것이야말로 참된 노년의 아름다움이라고 할 수 있다.

흔히들 노년의 삶은, 자식들에게 효도나 받으며 사는 것이 최고의 보람으로 생각한다. 거꾸로, 자식들은 부모에게 용돈이나 드리면서 손자 안겨 드리는 것이 최고의 미덕으로 여길는지 모른다. 이것이 과연 행복한 노년생활이라고 볼 수 있을까. 그렇지만은 않다.

전 미국 대통령 지미 카터는 그의 어머니 릴리안 여사를 통해 진리와 봉사를 배웠다. 그녀는 68세에 평화봉사단 훈련을 마쳤으며, 인도의 작은 마을에 봉사단으로 배치됐다.

2년여의 자원 봉사를 마친 뒤 미국으로 돌아온 그녀는 500회 이상의 강연을 통해 그의 경험담을 이야기하고, 나이가 결코 봉사에 제약받지 않는다고 노인들에게 격려했다.

'매일 맞이하는 아침이지만 오늘 다시 새롭다. 오늘을 가슴 설레는 체험으로 만들어야겠다.'라고 했던 어머니를 카터는 회상했다.

지미 카터는 어머니의 영향을 받았는지 그의 노후는, 봉사의 생활로 나이를 모르고 산다. 노년의 삶은 흥미진진한 모험이 될 수도 있고, 나태하고 단조로운 삶이 될 수도 있다.

새로운 활동으로 자기의 성취를 이루고 열정을 다한 보람 있는 시간이 노년의 활기찬 아름다움이 아닐까. 노년의 외로움은 혼자 달래지 말고 함께 즐기자. 주변에서 찾아보면 노년기에 필요한 일거리가 얼마든지 있다. 나이가 들면 신앙심도 필요하다

할 것이다. 하지만 어느 종교의 신앙에 구애받지 말고 자신에게 믿음을 주고 암시를 주어야 할 것이다.

친구들이 뒤따라 세상을 떠나가면 숙명처럼 겁이 나게 마련이다. 그 절박감이 오히려 생의 소중함을 일깨워 주기도 한다.

독일의 철학가 '니체'는 "인간의 가장 아름다운 모습은, 땀 흘리며 일하는 늙은이의 얼굴이다. 또한 인간의 가장 추한 모습은, 삶을 모르고 늙는 늙은이이다."라고 했다.

평균 수명이 늘어나는 만큼 노후의 인생관도 많이 달라졌다.

장애인협회에서 장애우끼리 짝을 지어줘서 행복한 삶을 살아가는 예를 보여준 적이 있다. 예를 들면 지체 장애인과 시각 장애인의 결혼이다. 시각 장애인이 휠체어를 뒤에서 밀면 앉아 있는 지체 장애자는 좌우를 살피면서 나들이를 하는 것이다. 이렇게 상호보완은 행복의 원천인 것이다.

나이 든 육신은 숙련된 사고력으로 상호보완을 해야 한다. 아름답게 나이 드는 것은 저절로 되는 것이 아닌 만큼 희망하고 노력하여야 이뤄지는 것이다. 삶 속에 분명한 선택만이 노년을 아름답게 꾸밀 것이다. 사람은 어떻게 살아야 행복한지를 잘 모른다. 하지만 봉사할 줄 아는 사람이 가장 행복한 사람이다.

어깨동무

내 책상 옆자리에 단발머리에 조그만 체구의 여학생이 앉아 있었다. 개구쟁이였던 나는 기억이 나지 않지만 책상에 칼로 뭐라고 새겨놨다.

그녀는 항상 그곳을 책으로 가리는 습관이 있어서 재미를 더 붙였는지 모른다. 하지만 내 심술에도 그녀는 아랑곳하지 않고 가끔씩 책 보따리 속에 고구마 몇 개를 학교에 가지고 온다. 공부하는 중에 몰래 건네준 고구마는 입안에서 살살 맛있게 녹았다. 군것질로 고구마만큼 좋은 것이 없을 듯했다.

만국기가 하늘을 수놓은 가을운동회는 온 마을 잔치였다.

무명옷을 운동복으로 입고, 버선 같은 얇은 양말(카바)을 운동화 대용으로 신고 운동장에서 뛰어 놀았다. 운동회 날이 가장 신나는 것은 사탕을 실컷 먹을 수 있기 때문이다. 내 옆자리 그녀도 사탕 몇 개를 호주머니에서 꺼내어 슬며시 내게 준다. 그때 내가 먹어본 사탕이 지금까지 먹어본 사탕 중에 가장 맛있는 사탕이다. 나는 받기만 하고 무엇 하나 주어본 기억이 없다.

그런 그녀가 48년 만에 동창회에 참석하겠다고 한다.

빛바랜 흑색 사진을 꺼내고 한참이나 살펴봤다. 50년이 다 되어가는 사진 속에는 올망졸망 코흘리개들이 제각각의 개성을 뽐내고 있다. 여학생들은 단정한 단발머리를 한쪽으로 올려 핀으로 고정했다. 남학생들은 군복 같은 옷에 때묻은 얼굴로 한껏 폼을 내고 있다. 코흘리개들의 모습은 난민촌에서나 봄 직한 모습에서 그 시절의 어려움을 읽을 수가 있다.

하지만 사진 속에서는 내 얼굴이나 겨우 알아볼 정도다. 흑백사진이 누렇게 변색된 탓도 있겠지만 고만고만한 얼굴들이 성냥갑 속에 성냥개비 같다.

그 학교에서 학생 수가 가장 적은 우리 학급은 남녀 45명이라서 교실이 배정이 안 된 적도 있었다. 오죽하면 동네 향사를 빌려서 공부를 했을까. 어른들은 우스갯소리로 제주의 비극인 '4 · 3사건동이'라서 어른들이 애기 만들기가 힘들었을 것이란 얘기를 하며 웃었다.

지금까지도 졸업생 중에 인원이 가장 적다. 이런 와중에 남자들로만 구성된 초등학교 동창회에 여자 몇 명이 참석한다고 하니 잔뜩 긴장할 수밖에 없다. 어떻게 변했을까. 60이 넘은 할머니의 모습이 상상 속에 그려진다. 50여 년이란 세월이 우리들을 할아버지 할머니로 만들어 버렸지만 여자 동창들의 모습은 그 시절의 순진했던 모습만 떠오를 뿐이다.

예쁘고 청순한 모습을 기대함은 나만의 모순인지 모른다.

오늘의 이 순간이 선보는 예비 신랑처럼 흥분한 듯 모두가 말이 없다. 어쩌면 제주 여인 특유의 섬세하면서도 다부지고 씩씩한 아낙으로 변해 있을지 모른다.

약속된 시간이 되자, 자주 만나는 여자 동창들 사이에 어디서 본 듯한 토박이 제주의 모습을 한 조그마한 체구의 여인이 오고 있다. 제딴에는 멋을 부리려고 치장을 한 듯, 옷매무새며 붉은 입술이 영락없는 시골 아줌마다. 염색한 머리 사이로 희끗 보이는 새치는 어렵사리 살아온 제주의 여인상하고 많이 닮았다. 그 나이에 시골 아줌마의 모습이 어쩌면 당연한데도 내 욕심은, 귀부인처럼 화려한 모습을 원했던 것일까. 그녀에게서 무엇을 바랐을까. 이상하게도 자꾸만 기대치에 어긋남은 왜일까? 어린 시절 추억에 그녀를 묶어 놨던 나의 오만한 착각이었다.

그녀가 본 내 모습은 어땠을까. 아마도 평범하게 살아가는 시골의 예비 노인으로 봤을까. 그렇게라도 봐 주었으면 다행이다. 외투 깃을 세우며 머리를 만져본다. 다행히 바지의 주름은 잡혀 있다.

가까이서 볼수록 곱게 나이 든 것에 고마움마저 든다. 착한 심성은 그대로다. 술을 따라주며 나누는 반말의 대화가 끝없이 이어진다. 삼겹살 굽는 연기도 우리들의 대화인 양 모락모락 춤을 춘다. 주름진 손등도 아름답다.

50년 만의 만남이 조금도 어색하지 않아 자주 만나왔던 사이처럼 스르르 풀린다. 우리들 얘기도 자식들 얘기가 아닌 손자들의 얘기가 주종을 이룬다. "손자들이 얼마나 귀찮게 구는지 미워 죽겠어." 하면서도 얼굴에는 옅은 미소가 흐른다.

그녀는 옆자리 혹은 뒤에서 공부를 했다. 지금 아이들처럼 짝궁은 아니었지만 집에서 가지고 온 음식을 나눠 먹은 기억은 있다.

오늘따라 음식 맛이 좋다. 소싯적 일들을 안주삼아 거나하게 취기가 오른 친구가 큰소리로 외친다. "야, 2차는 내가 쏜다."

살아가는 방향이 제각각인 우리였지만 오늘만큼은 서로의 어깨를 끼고 〈고향의 봄〉을 구성지게 불러 제꼈다.

아! 송아지

내가 결혼한 이듬해인 1976년 이른 봄이다. 동네에서 부지런을 떤 탓에 내게도 기회가 왔다. 이웃 아저씨가 암송아지를 사라는 것이다. 돈이 없다고 하자, 외상으로 송아지를 사 놓은 후 송아지 값(10만 원)은 이자를 년 30%로 계산해서 나중에 갚아도 된다는 것이다. 1년만 키우면 돈을 갚고도 남을 만큼 크게 자랄 것이니 아내도 뛸 듯이 기뻐했다. 우리도 송아지를 갖게 됐다니.

이튿날, 아침 일찍 작은 송아지를 어미 곁에서 떼어내려하니 한사코 안 떨어지려는 어미와 송아지가 우리를 안타깝게 했다. 하지만 운명인 걸 어쩌랴. 간신히 어미 곁에서 떼어내 헐렁한

헛간에 메어 놓았다. 나를 쳐다보는 송아지를 껴안고 뒹굴고 싶었다.

'송아지야 무럭무럭 자라라.'

우리 집과 두 집 건넌 이웃이라서 어미가 새끼 찾는 울음소리를 내면 송아지도 덩달아 어미 찾는 울음소리를 내어 그야말로 동네는 어미소와 새끼소의 울음소리로 밤낮이 시끄러웠다. 덕분에 내가 소(송아지)를 샀다는 소문이 동네방네 퍼져나갔다. 비록 외상으로 구입한 송아지였지만 내 생애 처음 산 귀한 보물이었다. 애지중지하며 송아지 곁을 떠날 줄 몰랐다. 젖을 못 뗀 송아지는 어미젖이 그리운 듯, 꼴(소 먹이)에는 입도 안 댄다. 어렵게 마련한 우유를 주자 맛있게 먹는다. 그런데 그 우유를 마련할 돈이 우리에게는 없는 것이다. 어쩔 수 없이 아침저녁으로 어미젖 동냥을 다녀야 했다.

5월이 되어 온 산야가 푸르름이 짙어졌다.

새들이 지저귀는 소리로 소들은 계절을 안다. 소들은 들판이 그리워지면서 성질이 거칠어져 외양간을 맴돈다. 그때가 되면 집에 갇혀 지내던 소들이 기지개를 켜며 외양간을 나와 들판에서 뛰놀게 된다. 방목이다. 소들에게는 살판이 난 셈이다.

여름을 산야에서 보낸 소들은 몰라보게 자란다. 특히 송아지의 변신은 놀랍다. 눈여겨보지 않으면 내 소를 찾기조차 힘들 정도다. 한껏 기대에 찬 마음으로 어미와 함께 송아지를 들판으로 내몰았다.

방목된 소들은 그들끼리 노니는 구역이 정해져 있다.

간혹 밭갈이할 때가 되면, 소가 먹는 우물가에 가서 기다린다. 낮이 되면 어김없이 물을 먹으러 오는 자기의 소를 찾아 끌고 오는 것이다.

우마牛馬몰이꾼들의 얘기를 빌리면 말을 찾으러 갈 때에는 노래를 부르면서 다니고, 소 찾으러 다닐 때에는 조용히 다닌다는 얘기가 있다. 즉, 말은 주인을 보면 반가워서 달려오지만 우직한 소는 주인 목소리를 들으면 숲 속으로 도망간다는 얘기다. 힘든 일이 싫어서일까.

또한 여름 동안 방목한 소들을 한두 번은 찾아가서 소 몸에 붙어 있을 진드기를 약으로 제거해줘야 한다. 그래야 소들이 건강해지기 때문이다.

소는 농촌의 대들보 역할을 톡톡히 한다. 특히 암소 한 마리면 일도 하지만 해마다 새끼를 낳으며 거름 생산으로 밭을 기름지게 한다.

'며칠 있으면 나도 송아지를 찾아가 봐야지.' 할 때, 누구에겐가 연락이 왔다. 송아지가 많이 아프다는 것이다.

어떻게 하지? 기대치가 무너지는 소리가 들리는 듯했다. 내 생에 처음으로 산 건데, 그것도 돈을 빌려서 산 것이 아니던가. 아무런 대책도 없이 동네 경운기를 빌려서 타고 목장으로 내달렸다.

3시간 만에 목장에 도착했다. 내 눈을 의심했다. 가리켜 준 그곳엔 송아지가 누운 채 눈만 겨우 멀뚱거릴 뿐 거동을 못하고 있는 것이 아닌가. 표정이 없는 순한 눈은 내게 무엇을 말하려는지 자꾸만 젖어든다. 다가가서 쓰다듬자 나를 알아보는 듯이 겨우 고개를 내 무릎 위에 올려놓고 가녀린 숨을 쉬고 있다.

'송아지야, 많이 아프겠구나. 이제 그만 눈을 감고 좋은 세상으로 가거라.'

송아지는 내 무릎에서 눈을 감았다.

한여름의 뜨거운 태양도 나를 일으켜 세우지를 못했다. 눈물인지 땀인지 모를 뜨거운 물이 볼을 타고 줄줄 흘러내린다. 일행이 내 어깨를 두드려서야 지금껏 송아지를 껴안고 있음을 알았다. 누구에게 어떻게 하소연이라도 해봤으면 했다. 송아지가 내게로 안 왔으면 이런 슬픔이 없을 것을. 송아지 키울 줄 모르는 나를 만난 것이 화근이었을까.

가을이 돼서야 아내에게 송아지의 비보를 얘기했다.

'좋은 인연은 오는 것이 아니라 만들어 가는 것'이라는 것을 알게 해준 송아지였다. 송아지와의 인연은 나의 부족한 경험이 만들어낸 아픔이었다.

6부

내 주변에는 의롭고 고마우신 분들이 많다.
이 분들에게, 내 서툰 서술로 단 1%라도 고마움이 전해진다면
나는 글쓰기를 멈추지 않을 것이다.
작품 속 주인공들에게 뜨거운 사랑을 보낸다.

작은 영혼의 느티나무

4월의 어느 날, 부산에 살던 그가 우리 동네로 이사를 왔다.

그는 중학교 다니는 아들이 둘이다. 그가 이사 온 뒤부터 새벽 운동을 함께 하는 날이 많아졌다.

지난여름, 두 가족이 바닷가에 놀러간 자리에서 고종 사촌동생인 그가 마음속에 깊이 간직했던 이야기를 주섬주섬 들려줬다.

아버지가 세상을 뜨신 지 삼 년 만에 어머니마저 돌아가셨다.

그는 할머니와 함께 살게 되었다. 그때 나이 여섯 살이었다.

돌아가신 아버지와 아홉 살이나 차이가 나는 작은아버지는 나이가 40이 넘도록 장가를 못 가고 술과 도박에 빠져 있어 할머니에게 여간 골칫거리가 아니었다. 소문으로는 아버지가 벌어 놓은 재산을 놓고 할머니와 작은아버지는 말다툼이 잦았다고 한다. 할머니는 나이가 80이 넘으면서 거동이 불편한데다 아들의 완력 앞에서는 어쩔 수 없어 부동산을 내놓고 말았다. 하염없이 눈물을 흘리시던 할머니는 집앞 동산에 올라가서 그의 손을 잡고

"이 어린 것을 어찌 할거나. 무슨 일이 있어도 밤나무골 밭은 손자에게 물려줘야지……." 하셨다. 밤나무골 밭이란, 부산 다대포에 위치한 전기발전소가 붙어 있는 2천 평 남짓한 땅이다. 그의 손을 잡은 할머니의 손이 하염없이 떨린다. 마침 할머니의 앉은 자리 옆에는 느티나무 묘목이 자라고 있었다.

"경준아, 이 작은 나무, 마을회관에 가져가 심자꾸나." 하며, 나무 꼬챙이로 종아리 길이의 느티나무를 캤다.

회관 입구에는 조그만 비석이 있다.

"이 비석은 너희 할아버지가 논밭 천 평을 마을에 희사를 해서 5백 평을 팔고 남은 자리 오백 평에다가 회관을 건립해서 마을에서 세워준 공덕비여." 하면서 비석 옆 빈자리를 찾아 땅을 파서 느티나무를 심었다.

할아버지는 마을 유지로 덕망 있는 분이셨다.

그런 분이 어느 날 갑자기, 핏덩어리 아기를 데리고 와서 할머니에게 "불쌍한 아이니 잘 키워." 하고는 직접 호적에 올리고 애지중지 키웠는데, 소문에 듣기로 '할아버지 친구가 바람을 피워

서 생긴 아기를 데려왔다.'는 말씀을 들었다고 한다. 할머니는 젖동냥을 하면서 어렵사리 그 아이(작은아버지)를 키웠다.

어느 날 저녁 무렵, 작은아버지는 아무런 예고도 없이 여자를 데리고 할머니에게 왔다. 여자의 빨갛게 칠한 입술이 할머니 심기를 불편하게 했다.

"누구냐?" 할머니는 작은아버지를 쳐다봤다.

미적거리던 작은아버지는 "결혼해서 같이 살려구요."

할머니의 절망스런 얼굴은 저녁노을에 붉게 물들었다. 할머니는 무슨 말을 하려다 말고 헛간으로 들어가더니 한참이나 울고 나왔다. 두리번거리던 그 여자는 가지고 온 가방을 마루 위에 놓고 다시 밖으로 나간다. 이어서 여섯 살 정도 된 여자아이를 데리고 왔다. 그 아이는 예쁜 옷을 입고 조그만 강아지를 안고 있다.

빨간 입술의 여자는 할머니가 계시는 헛간으로 가서 큰소리로 말한다.

"내 이름은 봉숙이구요. 이 애는 딸 향아예요." 할머니의 대답도 듣기 전에 그 여자는 그에게 "네가 경준이랬지? 우리 향아하고 싸우지 말고 사이좋게 잘 놀아라." 하고는 향아의 머리를 억지로 누르며 할머니에게 인사를 시켰다.

내가 일곱 살이 되던 이른 봄, 할머니는 내 손을 꼭 잡으시고 조용히 눈을 감으셨다. 작은아버지와 그 여자는 그에게 아버지,

어머니라고 부르라고 다그쳤다. 그런 와중에 작은어머니는 읍내에 다방을 차렸고, 작은아버지는 술과 화투판으로 패망의 길을 걸었다. 저녁 늦게 집으로 들어오는 작은어머니는 항상 술과 담배 냄새를 풍겼다. 집에 안 들어오는 날도 종종 있었다. 그들 부부는 귀가 시간도 따로따로 인 것이 일상화됐다. 또한 밤새 싸우고도 아침에는 언제 그랬냐는 듯이 화려한 옷을 차려입고 나선다.

어느 날 밤, 두 분이 같이 오셨다. 방안에는 술상이 차려져 있고 심상치 않은 대화 소리에 왠지 불길한 느낌이 들었다. 작게 들리는 소리에 경준이란 얘기가 가끔씩 섞인다. 밤새 마음 졸이며 한숨도 못 잤다고 한다.

날이 밝자 작은아버지는 그를 데리고 목욕탕에 갔다. 새 신도 사고 새 옷도 샀다. 시키는 대로 할 수밖에 없었다.

다음날 아침 희망원이란 글이 씌어 있는 조그만 버스가 집앞에 서 있었다. 처음 보는 아줌마가 상냥하게 경준이를 부르며 오늘부터 학교에 가야 한다며 번쩍 안아 차에 올랐다. 도착한 곳은 보육원이었다.

오히려 처음으로 느껴지는 다정함에 눈물이 울컥 나왔다.

며칠이 지나자 작은아버지가 보고 싶었다. 하지만 한편으로는 밤이면 작은아버지의 고함소리가 안 들려서 좋았으며 작은어머니의 술 냄새가 안 나서 좋았다.

그 후, 독학으로 공부를 해서 지금은 시골학교에서 교편을 잡고 있다.

그 당시 작은어머니는 밤나무골 밭을 판 돈을 가지고 향아마저 놔둔 채 야반도주를 했다. 작은아버지는 그 여자를 찾아 헤매다 폐인이 되다시피했다. 그래도 향아는 꿋꿋하게 자라서 공무원이 됐고 동네 총각과 결혼도 했다. 향아는 아들 둘을 두고 단란한 가정을 꾸리며 산다는 소문을 들었다고 한다.

오늘은 모처럼 그의 가족과 향아네 가족이 작은아버지를 모시는 날이다. 마을회관 비석 옆을 선택한 것은 온전히 그의 뜻이다. 거기에는 할머니와 함께 심어 놓은 느티나무가 자라고 있기 때문이다. 느티나무는 우람한 모습으로 우리들을 반기는 듯 넓은 그늘을 만들어 준다.

"작은아버지, 이 나무가 할머니랑 함께 심은 거예요."

작은아버지는 물끄러미 느티나무를 쳐다본다. 사연을 전해들은 작은아버지는 겨우 말머리를 꺼냈다.

"경준아, 내가 죽으면 할아버지 할머니 그리고 너희 아버지를 어떻게 만날까?" 옛일을 뉘우치듯 한숨을 내쉬며 흐느낀다. 느티나무 그늘에는 어렴풋이, 어린 느티나무를 심고 흡족해 하시던 할머니의 얼굴이 떠오른다.

'할머니 고마워요.' 경준이는 할머니를 불러보고 싶은 마음을 억지로 참았다.

밤새 뒤척이며 뜬눈으로 밤을 지샌 작은아버지는 경준이 손을 꼭 잡은 채 떨리는 목소리로

“날이 밝아오기 직전이 가장 어둡다고 하지?”

“네. 어둠이 조금 길었을 뿐이지요.”

비록 경준이의 얼굴은 야위어 있었지만 창가에 스며든 달빛에 비친 밝은 얼굴은 무척 아름답다.

어느덧 수평선 동쪽서 밝은 기운이 솟아오른다.

---

* 두 가족이 행복하길 기도합니다.

확장 개업

5월의 하늘은 천 년이 흘러도 싱그러울 것이다. 비가 오려는지 회색빛으로 뿌연 아침이다. 엊저녁 장사하다 놔둔 중고 리어카가 색바랜 비닐로 꽁꽁 묶인 채 주인을 기다리고 있다.

하현달은 벌레가 먹다 흔적을 남긴 듯 조금 깎인 채 점점 힘을 잃고 있다. 돌담에 피어난 여린 목련은 동쪽 산 위로 떠오르는 아침 햇살을 받으려고 더 짙게 분을 바르고 있다.

가게 앞, 느티나무 빈터에는 의자가 두 개 놓여 있는데 주변에는 담배꽁초와 종이컵이 마구 흩어져 있다. '옆에 쓰레기통을 놔두고' 화를 내봐야 내가 치워야 한다. 종이컵 속의 먹다 남은 커

피가 내 마음을 검게 물들인다.

재떨이 가까운 곳에 있는 의자에 앉았다. 이곳은 가게 안을 잘 들여다볼 수 있어서 좋다. 누가 앉아 버리면 어쩌나 하는 조바심이 인다.

확장개업한 지 6개월, 비좁은 가게를 한 평 더 늘리려고 하니 생각처럼 쉽지 않았다. 그래도 모든 경비를 최소화한 덕분으로 창을 넓히고 식탁과 의자를 하나씩 더 놓고 '쉼터우동 확장 개업'으로 새롭게 문을 열게 되었다.

고등학교까지 우수한 성적으로 졸업하고 아버지가 그토록 바라던 S대 법학과를 합격했다. 하지만 나의 의지와는 상관없이 알 수 없는 힘에 의하여 무력감에 시달려야 했다. 줄곧 A학점인 성적이 3학년이 될 무렵에는 D학점으로 곤두박질을 쳤다. 어쩔 수 없이 나의 적성대로 아무도 모르게 M신학대학으로 옮겼다. 이것이 가족을 힘들게 하는 원인이 되고 말았다. S대를 합격할 때 마을에서는 축하 현수막이 걸리고 아버지께서 잔치를 열었다. 그런데 S대를 그만둔 아들, 도저히 용납이 안 되는 거다. 우리 집은 조상대대로 내려온 유교를 고집하신다. 전에도 친족 중, 어느 가족이 기독교로 개종하자 '조상을 버린 놈'이라며 단절하고 지내는 분이다. 그런데 하나밖에 없는 아들이 예수쟁이가 되는 신학교를 다닌다니……. 땅이 꺼질 듯이 한숨을 쉬시며 아예 몸져누우셨다.

어느덧 점심시간이 가까워진다. 찾아오는 70여 명의 손님을 위해 도우미 아줌마와 시장에 가야 한다. 사야 할 분량은 많지만 종류는 단순하다. 우동 몇 박스와 멸치, 배추, 고춧가루와 양념 재료가 1톤 트럭의 절반을 채운다. 우리 가게는 특이하게 점심만 준비하고 저녁은 안 한다.

손님의 우동 값은 공짜다. 누렇게 뜬 얼굴에 걸음걸이도 편치 않은 사람들이 주종을 이룬다. 손이라도 씻으라는 나의 성화에 못 이겨 손에 물만 적신다. 우동을 앞에 놓고 주기도문을 암송하고 식사가 끝나고 나면 한 그릇을 더 주문해서 슬그머니 주머니 속 비닐에 담는다. 나중에 먹을 끼니이다. 누구라고 밝힐 수 없는 분이 가끔씩은 오지만 그들은 우동 값이 비싸다.

그들이 있기에 우동장사도 이문이 많이 남는다.

'오늘은 증조부 제삿날이다.' 아버지께서는 손자만 보내고 그 누구도 오지 말라는 전갈이 왔다. 자선 식당을 운영하는 아내는 부스스한 얼굴로 내 눈치를 살핀다. 눈가에는 눈물이 고였다. 아내의 친정은 기독교 집안이라서 연애 시절에도 우리 부모는 며느리로 탐탁하게 생각하지 않으셨다. 대학을 바꾼 것도 아내의 탓으로 돌렸다. 우리는 미리 준비한 제수용품을 들고 집을 나섰다.

시댁이 가까워질수록 아내 얼굴에 수심이 가득했지만 아이들은 신이 났다. 넉넉하지 못한 삶이, 나를 더욱 초라하게 만든다.

신학대학을 졸업하고 목회자로 가는 길은 순탄하지 않았다. 도시에서 멀리 떨어진 개척교회의 생활은 친족들도 용납하지 않았다. 무엇보다도 아버지가 싫어하시는 기독교라서 더욱 그렇다. 3대 독자로서 아버지의 마음을 읽기가 늘 괴롭다.

자동차 소리를 듣고 나온 어머니는 대문을 열고 손자를 반긴다.

"오느라고 고생이 많았구나." 하고는 문안인사 드리려는 아내를 못 본 체하며 "어이쿠 내 새끼……." 손자의 손을 잡고 안으로 들어가신다. 완고하신 아버지의 헛기침 소리가 들린다. 제수용품을 마루에 놓고 숨죽이며 서 있는 아내의 손을 잡고 아버지 앞으로 갔다.

"아버님 절 받으세요." 기어드는 아내의 목소리, "아버지 죄송합니다." 절을 올리자 마지못해 우리를 쳐다본다.

'…….'

연세가 70이 넘으신 아버지는 예전 같지 않았다. 양 볼이 푹 패이고 숨소리가 가쁘다. 큰소리로 욕을 듣고 싶다. 기운 센 손으로 매도 맞고 싶다.

"하느님이 너를 낳았냐?" 잠시 뜸을 들이더니, "조상님 덕에 너를 낳았고 키운 것이여……." 창 밖에는 굵은 빗방울이 떨어진다. 어머니는 허둥대며 마당에 있는 땔감을 부엌으로 들이신다.

"내가 살면 얼마나 살 거냐? 내가 살아 있는 한 예수는 안 된다. 죽어서 조상님 볼 면목이 없는 거여." 하시며 돌아앉는다.

가물었던 들은 세찬 소나기로 기지개를 켠다. 마당 모퉁이에 심은 고추 모종이 비에 맞아 반쯤 누워 있다. 반기던 복술이는 새끼들을 데리고 제 집으로 들어갔다.

마음속으로 용서를 빌고 있다. '불효자식을 용서해 주십시오.' 어머니는 우리를 보고 안타까운 듯, 혀를 끌끌 찬다.

한참 후, 어머니는 "아무튼 잘 살아야 허는 기여." 하시며 하던 일을 계속한다. 부엌에서는 강아지 두 마리가 어머니에게 장난을 친다.

"귀찮다, 저리 가라." 어머니는 강아지를 빗자루로 밀어낸다.

놀란 강아지는 깨갱 소리를 하면서도 어머니 곁을 떠나지 않는다.

---

* 서울 답십리 교회의 목사로 있는 이주형 목사는 나와는 막역한 사이다. 부모님은 제주시 일도동에 사신다. 이 목사님이 실제로 겪으신 일을 글로써 나열했다. 나와 종교는 다르지만 그를 진심으로 존경한다.

해빙解氷

직장 동료들이 좌불안석坐不安席이다. 노사간의 어떠한 의견도 충돌만 야기시킬 뿐, 해결의 기미는 보이지 않는다.

노조는 마지노선을 지키려는 처절한 생존의 몸부림을 치고 있다. 결사투쟁이란 구호 앞에 꽹가리와 북을 동원한 결사대는 세계적의 불황인 IMF라는 거대한 장벽 앞에 사 측이 제안한 인원감축과 월급삭감이란 수모에도 불구하고 결국엔 굴복하고 말았다.

노조 사무실에 걸려 있던 '솔아 솔아 푸른 솔아'라는 노조의 상징 액자도 누군가에 의해 박살나 바닥에 떨어졌다. 노조 사무실에 우두커니 앉아 있는 최후의 결사대는 침묵만 지킬 뿐, 그 누구도 입을 열지 않는다.

긴급회의 후에 가진 술자리마저도 대화가 없는 침묵만 감돌아 쓰디쓴 술이 오고갈 뿐이다. 참다 못한 노조간부가 먼저 입을 연다. "우리 중에 누가 감축 대상일까?" 노조원은 누구나 해당되기 때문에 이런 질문마저도 허망할 뿐이다. 술 마신 후 집으로 가는데 왠지 자꾸 어깨가 움츠려든다. 술에 취한 탓만은 아니다. 골목길로 접어드는데 자가용이 앞을 가로막는다. 뜻밖에 회사 상무님이 내리시더니 묵직한 돈봉투를 건네주신다. "자네는 잊지 못할 사원이야. 재기하는 데 조금이나마 도움이 되길 바라네." 뒷얘기는 들리지 않았다. 주신 돈은 놀랍게도 일천만 원이었다. 아내와 대학 다니는 딸이 눈에 아른거린다.

퇴직금은 아파트 전세금으로 썼고 상무님이 주신 돈으로 1톤 트럭을 샀다. 새벽 부두에서 미리 예약한 당일바리 갈치 고등어 등을 생선 중매인으로부터 도매금으로 30만 원을 주고 넘겨받았다. 장사가 순조로우면 15만 원 정도를 벌 수가 있었다. 아내는 트럭 짐칸에 앉아 생선을 조금씩 비닐 봉투에 넣어서 파는 역할을 한다. 일진이 좋아 오늘은 수입이 괜찮은 편이다.

힘겨운 날이 지나면서 단골손님도 생기고 제법 일이 손에 익어간다.

호사다마好事多魔라고나 할까? 골목길 모퉁이에 차를 세우고 고기를 팔던 중, 갑자기 차 옆을 들이받는 둔탁한 소리와 함께 어린아이가 자지러지듯 우는 소리가 났다. 10살쯤 되어 보이는 여자아이가 롤러스케이트를 타고 내려오다가 속도를 줄이지 못해서 내 차에 받힌 것이다. 놀란 나는 동네 의원으로 급히 데려갔다. 발목 골절에 어깨 찰과상을 비롯하여 여러 곳을 다친 모양이다. 치료를 하던 중, 아이 부모와 경찰관이 오더니 아이 아버지가 다짜고짜 내 멱살을 잡는다. 당황한 나는 자초지종을 얘기하려 했지만 아무 소용이 없다. 다친 아이는 겁이 났는지, 그저 '모르겠어요.'라고 하며 울음을 터트린다. 어쩔 수 없이 치료비를 포함하여 꽤 많은 돈을 주고 나서야 합의 아닌 합의를 보았다.

이런 날은 소나기라도 퍼부어야 가슴의 응어리가 씻길 것 같다.

그 후로, 2년째 병실에 누워 있는 아내는 핏기 없는 얼굴로 "밖에 나가고 싶어요. 꽃들이 많이 피어 있겠죠?" 아내는 창문으로만 거리를 봐서인지 아직 겨울이 남아 있는 것을 모르는 것 같다. "응, 우리 바깥에 나가 볼까?" 꽃샘추위가 남아 있는 하늘엔 금방이라도 눈이 올 듯 을씨년스럽다.

오십 중반의 가냘픈 몸으로 항암제를 투여 받으며 암과 싸우는 아내는 병이 호전됐다는 의사의 말에 힘이 된 듯, 미소가 넘치고 있다. 의사는 입원 치료는 필요치 않다며 통원 치료를 권했다. 다음 주에는 퇴원해도 좋다고 한다. 집에 간다는 사실만으로도 아내는 벌써 얼굴에 화색이 돈다.

퇴원하는 날, 외국에 살던 딸들과 외국인 사위들이 손자들을 데리고 곧장 병원으로 왔다. 큰딸의 아이는 백인 혈통이라 피부색이 하얗고 작은 딸의 아이는 흑인 혈통이라 피부색이 새까맣다. 무슨 이야기를 하는지는 몰라도 내 손자라서 그런지 무척이나 귀엽다. 외국 사위들과 손짓 몸짓으로 대화하는 아내의 모습에서 오랜만에 해맑은 웃음을 나눈다. 덩치가 큰 흑인 사위는 퇴원하는 장모인 아내를 가볍게 번쩍 안고는 성큼성큼 병실을 나선다. 주위의 부러움을 샀다. 나는 영화 엑스트라에 불과했다. 병실에서 입었던 옷 보따리나 들고 사위 뒤를 졸졸 따를 뿐이다.

아내는 실로 2년 만에 바깥나들이다.

"여보, 고마워요. 나 때문에 고생……." 뒷말은 자동차 소음으로 지워졌다.

재빨리 아내의 귀에 대고 나지막하게

"그래, 당신 건강을 찾은 것이 나에게는 최고의 선물이야. 정말로 당신이 고마워." 힘주어 잡은 내 손 안에서 아내의 손이 꼼지락거린다.

아내가 눈물을 감춘다. 하늘에선 함박눈이 나풀대며 내린다. 검둥이 사위 얼굴에 묻은 하얀 눈이 아내의 파리한 피부와 아름다운 조화를 이룬다. 아내는 추위가 싫은 듯 수건으로 얼굴을 가린다.

오늘은 대동강 얼음도 풀린다는 해빙기解氷期인 우수雨水다. 얼음은 언젠가는 반듯이 풀린다. 밤이 깊으면 새벽이 가까워지는 것이다.

옷깃에 묻은 눈을 털면서, 힘겨운 투병을 잘 참아낸 아내의 고마움을 생각하며 이 행복을 오래 간직하고 싶다.

* 글 속의 주인공 김병수는 간암으로 병마와 싸우고 있다. 아무런 도움도 주지 못하는 것이 친우로서 괴롭다. 쾌유를 빈다.

아빠의 미소

남편은 S회사에 고위직이었다. 친구들과 어울리기를 무척이나 좋아했고, 낚시 광이며 운동은 물론, 못하는 것이 없을 정도로 체력이 대단했다. 재산도 넉넉해서 남들이 부러워하는 가정이었다. 부모님이 보태준 돈으로 남들보다 일찍 주택도 마련했다.

그날 아침 출근할 때도 평상시와 다름없이 고등학생인 딸과 함께 아내의 배웅을 받았다. 남편은 매일이다시피 기분이 좋을 정도로 약간의 술과 함께 저녁을 밖에서 하는 편이라, 조금 늦게 집에 와도 별로 신경을 안 썼다. 딸과 함께 저녁을 먹은 후 TV를 보던 중 깜빡 잠이 들었다. 밤 1, 2시쯤 되었을까. 전화벨 소리가 요란하게 울렸다. 원래 밤에 받는 전화는 기분이 좋지 않았다. 그 시간대의 전화는 거의가 급박한 전화다. 두려운 마음으로 수화기를 들었다. "여기는 경찰서인데요." 그 순간, 그 전화는 무엇을 의미하는지, 그 짧은 순간에 스치는 안 좋은 생각들이 급하게 밀려온다. "거기가 김성철 씨 댁입니까?" 귀에서는 알 수 없는 소리만 맴도는 것 같았다. "남편 되시는 분이……." 심장이 덜컥 내려앉았다. 무심코 내던진 수화기에서는 뭐라고 계속 말하는 소리가 흘러나왔다. 옆방에서 잠자던 딸이 "무슨 일이세요?" 하면서 떨어진 수화기를 집어들었다. "여보세요. 어디라구요?" 딸의 얼굴이 창백하다. 물끄러미 허공을 쳐다보는 나에게 다그친다. 빨리빨리 하는 딸의 모습에서 짐작가는 게 있었다. 딸을 따라 병원에 도착해 보니 웅성대는 사람들 사이에 어떤 사람이 침대 위에서 신음소리조차도 못 내고 간호사에게 몸을 맡기고 있었다. 남편이 아니다. 딸의 아버지가 아니었다. 그 형상은 도저히 표현할 수 없는 악마의 모습이었다. 냉정하게 얼굴을 확인시킨 경찰은 우리를 떼어 놨다. 춥다. 그때서야 보니 맨발이다. 지선이도 신발이 짝짝이다. 왠지 모르게 눈물도 안 났다. 축 처진 지선이의 어깨를 쳐다볼 뿐. 그렇게 얼마를 지났을까. 간호사가 우리를 이끌다시피 환자에게로 안내한다. 처참한 모습은 만들다 만 석고상 같았다. 또 한 번 지선이가 울부짖었고 뒤이은 비명소리가 고막을 때린다. 나는 그저 멍할 뿐, 할 수 있는 일이 아무것도 없었다. 우리 집은 종교가 없다. 부모님부터 그랬다. 그렇지만 이 순간만큼은 하느님, 부처님, 모든 신에게 빌고 싶었다. '제발, 제발 남편을…… 이왕 이렇게 된 것, 살려만 주세요.' 신神들도 무심하시지 그렇게도 착하던 내 남편을 이 지경으로 만들어 놨으니…….

한 달쯤 됐을까. 우편물이 배달됐다. 법원 도장이 찍힌 봉투다. 남편이 보증섰던 일이 잘못돼서 사는 집을 경매 처분한다는 내용이었다. 이것은 피할 수도 없는 가장 고통으로 느껴야할 현실이었다.

딸은 고 2로 학교를 휴학해야만 했다. 집은 겨우 월세로 마련했다.

남편은 힘들게 입을 연다. 나만 알아들을 정도다. "미안하다……." 남편의 얼굴에서 눈물이 흐른다. 나는 외면했다. 미웠다. 하지만 수도 없이 뇌였다. '이렇게 살아 준 것만도 고마워요.' 하며 마음을 스스로 달랬다.

오늘도 지선이는 아르바이트 일을 다녀온 모양이다.

어저께, 지선이는 불쑥 "엄마 이거." 하고는 돈 봉투를 주었다. 무심결에 봉투를 받으려는 순간, 지선이의 꺼칠한 손을 쳐다본 나는 말문이 막혔다. 외동딸이라 자기 속옷도 빨아 본 적이 없는 애다.

지선이는 애써 손을 감추며 "아빠 약값에 보태." 하며 바쁜 듯이 나간다. 나는 알고 있었다. 이곳이 시골이라 낮에는 동네 아줌마랑 과수원에 밀감 따러가는 것을. 그러나 말릴 힘이 나에게는 없다. 시청에서 마련해준 청소부 생활로는 남편의 병 수발도 벅차다.

어느 때 부터인가, 밥을 하루에 한 끼로 때우는 것이 일상화됐다. 지선이를 복학시켜야 하기 때문이다. 지선이가 벌어온 돈은 한 푼 두 푼 모았다. 어렵게 복학할 돈이 마련됐다. 지선이를 불렀다. 복학하라는 말에 지선이는 "무슨 돈으로……." 한다. "응, 어느 삼촌이 너를 복학시키라고 돈을 꾸어주었어." 거짓말을 해야만 했다. 한 푼도 안 쓰고 모은 네 돈이라고는 도저히 말을 못 했다. 입었던 교복이지만 다시 입은 모습은 정말 아름답다. 휠체어에 기댄 남편도 손으로 동그라미를 그린다. 지선이는 주변에 있는 유채꽃 한 다발을 꺾어다 아빠 품에 안긴다. 무척이나 눈부시고 향기롭다.

"지선아, 이 아빠는 네가 정말 예쁘단다." 아빠 얼굴에 웃음꽃이 꽤 오래간만에 피었다.

학교에 갔던 지선이가 집으로 뛰어들었다. 얼굴이 잔뜩 부어 있다. "엄마 왜 그렇게 말랐어?" 밑도 끝도 없이 막 대드는 지선이 얼굴이 눈물범벅이다. '애가 왜 이러는 거야.' 엄마가 말려도 막무가내다. "엄마 친구 분께 다 들었단 말이야. 엄마는 밥 굶어가면서 나에겐 그 비싼 피자를 사줬어?" 안쓰러운 소리가 잦아든다. "엄마는 네가 맛있게 먹는 것만으로도 많이 행복했어."

"엄마 미안해. 그리고 많이 사랑해." 엄마의 눈물이 웃는 입술을 타고 흐른다.

"그래, 이제 엄마는 행복이라는 것을 알 것 같구나."

모녀는 와락 껴안은 후 떨어질 줄을 몰랐다. 그 모습을 지켜보던 아빠는 슬며시 뒤뜰을 향해 휠체어를 민다.

딸이 엊그제 꺾어다 놓은 유채꽃 화병 위로 한 쌍의 노랑나비가 춤을 추고 있다.

홈 리스露宿者

새벽 5시, 졸음에 겨운 사람들이 일자리를 얻으려고 용역 사무실로 모여든다. 모두들 힘들게 사는지 초췌하고 어깨가 구부정하다. 사무실엔 담배 연기가 자욱하다.

잠시 후, 용역회사 사무장이 사람들을 한군데로 모이게 했다. 오늘 할 수 있는 일은 시멘트 작업 3명, 신축 건물청소 5명, 묘목 작업 7명, 이렇게 15명이라고 잘라 말한다. 지명받은 사람들은 대기해 놓은 차를 타고 일터로 떠났다. 경력이 있고 건장해 보이는 사람들이 주로 행운을 얻게 된다. 일거리를 못 찾은 나를 포함한 10여 명은 서로의 눈치만 살필 뿐 별로 말이 없다. 당일치기 노동자에게는 동료라는 인식이 희박하다. 일자리를 얻으려는 경쟁자일 뿐이다. 오늘도 먹구름이 맴돈다. 체이는 돌부리에 발이 아프다.

한 시간 넘게 걸어서 사철 몸을 오그리고 잠을 청하는 빌딩 자투리 공간으로 돌아왔다. 억지로 잠을 청해본다. 주머니를 뒤져 천 원짜리 몇 장을 꺼냈다. 할 일이 없어 한숨이 앞을 가리며 배가 쓰려왔다. 구멍가게에서 소주를 사서 그냥 병 나팔을 불었다. 내 차림새가 불쾌한지 가게 주인 눈살이 따갑다. 아침부터 깡술이냐고 비웃듯 쳐다본다. 하지만 나에게는 이골이 난 일들이다. 소주 몇 모금이 마른 강을 적시듯 가슴에 쌓인 돌담을 허문다. 이제 속이 시원하다. 밥상을 받아본 지가 까마득하다. 자선단체에서 주는 아침식사로 허기를 채우면 점심은 건너뛰고, 저녁은 소주 한 병에 컵라면 하나가 전부다. 오늘처럼 일자리가 없으면 소주를 더 마신다. 문득 먼저 간 아내가 원망스럽다.

6년 전, 직장에서 일을 하고 있는데 전화가 왔다. 언제 들어도 반갑고 들뜨게 하는 마누라 목소리다.

"여보, 퇴근하면 곧바로 와요, 우리 외식하러 가요."

상관에게 미리 양해를 구하고 퇴근을 서두는 나에겐 직장 동료의 부러움과 심술궂은 농담도 즐거웠다.

집에 도착하자 초등학생인 큰놈과 작은놈이 뛰어나와 반갑게 맞이한다.

"어머니 모시고 같이 외식하러 가는 게 어때?" 하는 내 제안에

“오늘은 우리들만 가요.” 아내는 다짐한 듯 잘라 말했다.

어머니가 이웃집에 살고 있었으므로 자주 드나들었기에 크게 개의치 않았다. 아내는 워낙 붙임성이 좋아서 주변에 친구들이 많은 편이다.

우리는 소문난 불고기 집으로 갔다. 오늘따라 아내가 자꾸 소주를 권하며 안주까지 집어준다. 평소와 다른 아내의 태도에 나는 고기를 많이 먹으면서도 아내의 눈치를 살폈다. 취한 표정으로 아내가 얹어주는 고기를 먹는데 용기를 내었는지 정색을 하고 조심스럽게 말을 꺼낸다.

건설업을 하는 친정 오빠(처남)의 부탁을 거절하지 못해 사채까지 끌어다가 빌려준 것이 누적되어 지금은 감당하지 못할 한계까지 왔다고 하며 눈물을 흘린다. 더 이상 버틸 힘이 없고 나를 속일 수도 없다며 고개를 숙인다. 다 익은 고기가 타고 있다. 아이들도 처음 보는 엄마의 눈물이 이상한 듯 힐끔거린다. 아내를 탓하기보다 능력이 없는 내가 미웠다. 씁쓸한 취중에 음식값을 계산하고 집으로 향했다. 집에 온 후에야 두려운 생각이 들어 아내에게 물었다.

“여보, 그럼 어떻게 되는 거지?” 아내는 대답이 없다. 사실이 아니길 바라는 마음도 이미 힘을 잃었다.

조상 전과 집을 팔아도 빚이 남았다. 며칠 굶어도 배고픈 줄 몰랐다. 이런 와중에 아내가 뜻밖에 가출을 하였다. ‘곧 돌아오겠지.' 막연히 기다리던 5일째 되는 날, 경찰서에서 연락이 왔고 아내는 싸늘한 시신으로 돌아왔다. '죄송해요. 뒷일을 부탁해요. 아이들을 잘 키워주세요.' 내 명함 뒷면에 적힌 유서는 주저앉아 통곡하게 만들었다. 이런 나를 보며 팔순이 넘으신 어머니도 죽겠다며 간장을 한 대접이나 마셨다. 아이들은 할머니 끌어안고 울음바다를 이뤘다.

설상가상으로 내가 다니던 회사마저 도산하고 말았다. 불황인 만큼 다시 직장을 구한다는 것은 하늘에 별 따기다. 빚은 친족들에게 무릎바람으로 사정하여 어느 정도 해결됐지만 생계비가 가슴을 옥죄고 있다.

어쩔 수 없이 어머니를 양로원에 보냈으며 아이들도 보호시설에 맡겼다.

닥치는 대로 일을 해서 번 돈으로 어머니를 찾아뵈었으며, 옷을 사들고 아이들이 있는 보호시설을 방문하였다. 어느덧 사춘기에 접어들어 어른티를 내는 큰아들과 작은아들을 만날 때 마다 가난이 아프다. 그래서 선뜻 다가서질 못한다. 그래도 아이들은 뛰어나와 나를 부둥켜안는다. 눈물을 감추며 용돈을 나누어 주고 등을 돌린다. 같이 살 날을 기약하며 안주머니에 손을 넣어 적금통장을 만져 본다. 금년 말에 적금을 탄다.*

---

* 최용준 씨는 2010년 10월경에 제주시 서사라에서 철물점을 개업한다고 한다. 발전을 빈다.

폭 깊은 인간에 대한 이해

유 한 근

(문학평론가 · 디지털서울문화예술대 교수)

문학은 인간에 대한 이해에서 출발하고 그것을 통해 삶의 지혜에 이르는 것을 목표로 한다. 특히 인품의 문학, 인간적인 문학이라는 특성을 가진 수필 문학은 더욱 그러하다. 시가 심정토로나 이미지를 통해 인간의 본체를 드러내고, 소설이 내러티브를 통해 인간 삶의 본질을 규정한다면, 수필은 인간 그 자체를 꾸밈없이 보여주어 감동을 끌어낸다. 이를 위해 수필은 여러 방편, 즉 제 표현구조 미학으로 감동을 모색한다. 작가 현성호의 경우에도 예외는 아니다. 그는 감동의 극대화를 위한 여러 가지의 표현 구조를 시도한다. 그 중 가장 특징적인 것은 소설의 표현 미학을 차용하고 있는 점이다.

현성호의 수필은 단편소설을 읽는 것처럼 스토리가 있어 재미있다. 독자의 시선을 붙잡는다. 한눈 팔 수가 없다. 어떤 때는 시적인 은유된 문장으로, 아이러니적인 표현구조로 전달하는 메시지의 효용을 극대화시킨다. 그리고 자신이 주인공인 수필만 쓰지 않고 타인이 주인공인 수필, 즉 일인칭관찰자서술이라는 시점으로 수필을 쓰기도 한다.

1. 소설적 시점과 주위 사람에 대한 관심

현성호 수필의 모티프는 크게 몇 가지로 분류할 수 있을 것이다. 가족에 대한 사랑, 주위 사람들에 대한 관심, 동물이나 사물에 대한 인식, 어린 날의 회상, 그리고 원형적인 공간 체험 기록, 특히 제주도라는 작가의 과거와 현재적 삶의 공간에 대한 새로운 인식, 즉 제주 사랑에 대한 수필이 그것이다.

그리고 현성호 수필의 또 다른 특징은 소설적인 상상력을 통해서 인간에 대한 이해 혹은 성찰을 하고 있다는 점을 들 수 있을 것이다. 특히 표현 구조가 감각적이며 소설적 묘사를 통해 표현 문학적 가치를 고양시키고 있는 점이 그것이다. 단적인 예로 〈나의 풋사랑 순연이〉를 들 수 있을 것이다. 이 수필은 어린 시절의 타지에서 옆집으로 이사 온 여자 친구를, 장년에 다시 만나게 된 에피소드를 청소년 소설 혹은 성장 동화처럼 쓰고 있다. 이 수필의 서두 부분은 이렇게 시작한다.

> 봄이면 집 마당에는 조팝나무 꽃이 만발하다. 대문 밖 가로수인 벚나무와 마당 돌 틈 사이에 있는 철쭉도 앞다투어 봄을 맞이한다. 창을 열면 알싸한 새벽공기와 함께 꽃향기는 지친 피로마저도 한순간에 확 풀어버린다. 벚꽃의 7일간의 향연, 꽃잎 떨어지는 그 아쉬움을 느끼며 꼭 40년 전의 아련한 기억이 떠오른다.

이처럼 감각적인 묘사와 서정적인 문체로 액자소설 양식처럼 이 글은 과거 회상에 들어간다. 그리고 회사 신입사원의 모친으로 그녀를 만나게 된다. 이 수필은 이렇게 하나의 에피소드만을 짧은 소설처럼 소개한다. 기존의 수필에서 흔히 볼 수 있는 수필의 수미상관首尾相關적 구성이나 삶의 지혜를 장치하고 있지 않다. 소설처럼 스토리만 보여주고 있는 것이 오히려 신선하다.

> 고사리 꺾으러 들판으로 나왔다. 산야山野는 손에 잡힐 듯 맑다. /오름으로 놀고 있는 노루가 금방이라도 뛰어 올 것만 같다./어제 내린 비로 먼지가 씻어진 듯 온 천하가 깨끗하다./ 작은 냇가에 고인 물웅덩이에는 이른 올챙이 떼가 낙엽 속에서 숨바꼭질하고 있다. 햇살을 입에 물고 기지개를 켜는 고사리 형제들이 나를 반긴

다. 고사리 꺾으면서 상념에 잠기다가 문득, 누님이 들려준 사연이 떠오른다.

— 〈쌍가락지〉 서두

위의 수필 〈쌍가락지〉도 서두에서 읽은 〈나의 풋사랑 순연이〉처럼 누님의 사연, '쌍가락지'와 얽힌 비극적인 삶의 단편을 소개한다. 그리고 가족 간의 사랑, 모녀간의 사랑을 담담하게 그려주고 있다. 담담하게 그려주고는 있지만 한 편의 드라마를 본 것처럼 감동은 배가된다.

바다가 훤히 보이는 선창가 모퉁이 노인정에 사람들이 모여든다. 그 노인정은 간이 천막으로 되어 있고 오래되었는지 노인들의 애환인 양 누르스름하다.

이 노인정은 시원한 곳으로 유명한데 주변 사람들이 주머니를 털어서 지어졌다. 해진 곳을 여러 번 수리하느라고 수명을 다한 듯 너덜너덜하다. 10평 정도인 천막은 군데군데 찢겨져 있어 작은 바람에도 무너질 듯 위태롭다.

— 〈어느 선창가의 노인정〉 서두

수필 〈어느 선창가의 노인정〉은 작가 자신의 심정을 토로하기 위한 수필이 아니라, "마을의 휴식공간이며 복덕방이고 재판소"이기도 한 노인정에서 만난 한 노인의 이야기를 하고 있는 수필이다. 6·25전쟁에 참전하여 상이용사가 된 노인. 그 노인의 목소리와 모습을 통해 전쟁의 비극성을 환기하고, '부끄러움이 없는 삶'이 무엇인가를 생각하기 위한 수필이다. 그리고 "이만큼 살아온 세월의 고마움"을 되새기는 수필이다.

> 남편은 S회사에 고위직이었다. 친구들과 어울리기를 무척이나 좋아했고, 낚시광이며 운동은 물론, 못하는 것이 없을 정도로 체력이 대단했다. 재산도 넉넉하고 남들이 부러워하는 가정이었다. 부모님이 보태준 돈으로 남들보다 일찍 주택을 마련했다.
>
> 그날 아침 출근할 때도 평상시와 다름없이 고등학생인 딸과 아내의 배웅을 받았다. ……(중략)……
>
> "엄마 미안해. 그리고 많이 사랑해." 엄마의 눈물이 웃는 입술을 타고 흐른다.
>
> "그래, 이제 엄마는 행복이라는 것을 알 것 같구나."
>
> 모녀는 와락 껴안은 후 떨어질 줄을 몰랐다. 그 모습을 지켜보던 아빠는 슬며시 뒤뜰을 향해 휠체어를 민다./ 딸이 엊그제 꺾어다 놓은 화병 위로 한 쌍의 노랑나비가 춤을 추고 있다.
>
> — 〈아빠의 미소〉 서두와 결말 부분

수필 〈아빠의 미소〉도 '김성철'의 비극적인 이야기를 그린 수필이다. 이 수필에서는 작가인 '현성호'의 모습은 보이지 않는다. 내레이터는 김성철의 아내이며, 등장인물은 남편과 딸, 그리고 아내인 내레이터뿐이다. 소설의 기법을 차용한 글이다. 〈아빠의 미소〉는 수필 분량의 소설이지, 작가 자신의 체험을 쓰는 수필은 아니다. 왜 현성호 작가는 수필집인 ≪바람아 구름아≫에 같이

묶은 것일까 라는 의혹을 갖게 한다. 그는 이 글을 소설도 쓰다가 실패한 것인가? 아니면 작가의 주위 사람들 이야기를 여타의 수필처럼 쓰는 것이 효과적이지 못하다는 판단에 의하여 소설적 방법을 차용한 것일까? 판단하기가 곤혹스럽다. 긴 담론이 필요하다. 하지만 어느 경우이든 나는 이렇게 생각한다. 작가 현성호는 수필의 기존 방식보다는 이 방법이 메시지와 감동을 전달하는데 효과적일 것이라는 판단에 의해 썼을 것이라는 것이다.

인간을 이해하는 방법에는 여러 가지가 있을 것이다. 그 중 가장 효과적인 방법은 작가가 글의 대상으로 삼은 사람이 되어서 그 본체를 탐색하는 것이다. 시인이 사물이 되어 그 사물의 본체를 드러내는 것처럼 한 인간을 이해하는 데에는 그 인간의 입장에서 생각해보는 것이 효과적이기 때문이다. 그런 점에서 작가 현성호는 시인과 소설가적 관점과 인식과정으로 수필을 쓰려함을 알게 된다.

> 새벽 5시, 졸음에 겨운 사람들이 일자리를 얻으려고 용역사무실로 모여든다. 모두들 힘들게 사는지 초췌하고 어깨가 구부정하다. 사무실엔 담배 연기가 자욱하다./잠시 후, 용역 회사 사무장이 사람들을 한군데로 모이게 했다. 오늘 할 수 있는 일은 시멘트 작업 3명, 신축 건물 청소 5명, 묘목작업 7명, 이렇게 15명이라고 잘라 말한다. 지명받은 사람들은 대기해 놓은 차를 타고 일터로 떠났다.
>
> — 〈홈 리스露宿者〉 서두

위의 수필 〈홈리스〉도 마찬가지이다.

> 어디선가 닭이 운다. 새벽 잠을 접은 노인은 천장에 매달려 있는 전구를 켠다. 흔들리는 전등불이라 담배를 찾느라고 방바닥을 더듬는다. 해수병을 앓느라고 밭은기침을 한다./아들 내외는 노인에게 담배를 끊으라고 끈길기게 권하지만 대답은 건성이다. …… '모레는 마누라 제삿날인디, 내일도 날씨가 좋겠구먼.'/ 해풍에 그을린 노인의 얼굴엔 먼저 가신 할머니의 웃는 모습이 겹쳐 있다./노인은 옆집 아저씨이다.
>
> — 〈늙은 어부의 일상〉 서두와 결말

그리고 위의 수필 〈늙은 어부의 일상〉도 소설적 기법을 차용한 글이다. 이러한 맥락의 수필은 고사리 꺾기를 좋아하는 친구, 노루와 한 가족인 친구의 이야기를 쓴 수필 〈눈물에 젖은 노루〉, 부산 살던 고종사촌동생인 이야기를 쓴 수필 〈작은 영혼의 느티나무〉, 그리고 직장의 노조문제를 다룬 수필 〈해빙〉 등 일련의 수필들이다. 이 수필들에 관통하는 것은 작가가 삶에 좌초한 사람들, 그리고 소외된 사람들에 대한 관심과 연민을 가지고 있음을 느낄 수 있었다. 그것에서 작가정신을 알 수 있었다.

2. 가족 사랑의 객관적인 시각

가족이라는 소재는 수필에서 흔히 등장하는 글감이다. 그리고 그 대상에 대한 사랑의 시선이 다분히 주관적이기 때문에 일반 독자들이 진부해하고 거부한다. 예컨대 가족에 대한 진솔한 이야기보다는 자랑이나 에피소드를 포장해서 쓰기 때문에 더욱 그러하다. 하지만, 가족 이야기처럼 감동을 주는 소재도 흔하지 않다. 그것이 인간의 보편적인 정서이기 때문이며 우리 삶의 기본 문제이고 영원불멸의 구조적인 문제이기 때문이다. 따라서 나는 가족이야기를 소재로 할 때에는 부끄러움 없이 진솔하게 토로해야 감동을 줄 수 있다고 여긴다. 그리고 객관적인 시각으로 묘사되어야 한다고 생각한다. 이 점에서 작가 현성호의 수필은 주목된다.

> 어머니는 2남 6녀를 낳으셨다. 내가 세 번째다. 밑으로 줄줄이 다섯 남매가 있으니 커가면서 본 것은 늘 아기에게 젖을 먹이는 어머니의 모습이다. 밭에 가려면 어머니는 애기구덕을 짊어져야 했고, 누구는 점심을 가지고 가야 한다. 식사 때가 되면 어떠한가. 맛이 어땠냐는 것은 고사하고 양만 많으면 됐다. 큰 양푼에 5~6명이 둘러앉으면 밥 한 술을 더 뜨려는 숟가락 소리가 요란했다. 어머니는 밥이 모자라면 당연하다는 듯 누룽지로 끼니를 때우셨다. 그 생각이 떠오르면 지금도 가슴이 쓰리다.
>
> — 〈어머니의 통장〉 서두

이 수필 〈어머니의 통장〉은 93세이신 작가의 모친에 관한 수필이다. 이 수필의 주 대상은 어머니지만, 돌아가신 작가의 부친과 자매들의 이야기도 곁들인다. 어머니의 활력과 자존 그리고 아름다움에 대해 쓰고 있는 이 수필은 80명의 자손을 거느린 어머니의 아름다움에 대해 객관적인 시선을 유지하며 쓰고 있다. "무릇 아름다움이란 자신의 삶의 자세에 대응하여 편애를 버리고 마음을 넓히는 것"이라는 삶의 지혜를 전언하고 있어 감동적이다.

> '오늘은 증조부 제삿날이다.' 아버지께서는 손자만 보내고 그 누구도 오지 말라고 전갈이 왔다. 자선 식당을 운영하는 아내는 부스스한 얼굴로 내 눈치를 살핀다. 눈가에는 눈물이 고였다. 아내의 친정은 기독교 집안이라서 연애 시절에도 우리 부모는 며느리로 탐탁하게 생각하지 않으셨다. 대학을 바꾼 것도 아내의 탓으로 돌렸다. 우리는 미리 준비한 제수용품을 들고 집을 나섰다./시댁이 가까워질수록 아내 얼굴에 수심이 가득했지만 아이들은 신이 났다. 넉넉하지 못한 삶이, 나를 더욱 초라하게 만든다.
>
> — 〈확장 개업〉에서

이 수필은 주注에서 볼 수 있듯이 작가의 막역한 사이인 이주형 목사의 이야기이다. "서울 답십리 교회의 목사로 있는 이주형 목사는 나와는 막역한 사이이다. 부모님은 제주시 일도동에 사신다. 이 목사님이 실제로 겪으신 일을 글로써 나열했다. 나와 종교는 다르지만 그를 진심으로 존경한다."라는 부기가 그것이다. 앞에서도 살펴보았지만, 현성호 작가는 타인의 이야기를 수필로 쓴다. 그 작가 정신은 소설에서 차용해온 것이라 할 수 있다. 이에 대한 담론은 별도로 있어야 하겠지만 나는 그 글이 감동이 있고, 사물의 자기화 혹은 자기의 사물화라는 문학이론 그 타당성을 인정한다면 편하게 이해될 것이다.

> 열두 살 무렵인가. 잠에 겨운 눈으로 아버지를 따라 목장으로 갔던 기억이 난다. 농사일은 소가 없으면 불가능했다. 그래서 소는 가족이나 다름이 없었다. 소는 주인과 더불어 묵묵히 삶의 원천인 밭을 일군다. 밭갈이 하는 소가 힘들어하면 소를 쉬게 한다. 소는 농부의 몸의 일부이기 때문이다. / '일미칠근一米七斤'이라고 한다. 쌀 한 톨을 만들려면 농부는 땀을 일곱 근이나 흘려야 한다는 말이다. 과연 쌀 한 톨은 땀이 몇 방울일까?
>
> — 〈일미칠근一米七斤〉에서

수필 〈일미칠근一米七斤〉는 농부였던 작가의 부친이야기다. 그러나 위의 인용글에서 보듯이 "쌀 한 톨을 만들려면 농부는 땀을 일곱 근이나 흘려야 한다는 말이다. 과연 쌀 한 톨은 땀이 몇 방울일까?"라는 화두를 풀기 위해서 쓰고 있는 수필이다. 그에 대한 해명은 이 수필의 결말에서 안병욱의 말을 인용하여 결론진다. "李堂 안병욱은 '땀을 흘리기를 좋아하는 사람이 되어라. 애한인愛汗人은 성공하고 유한인流汗人이 승리한다. 땀을 흘리기를 싫어하는 불한당不汗黨은 패배자로 전락한다.'라고 했다. 땀으로 영근 한 톨의 날곡 알맹이는 나태해진 우리를 시험하고 있다.

인간은 흙으로 돌아가서 새로운 씨앗을 키우기 때문이다."가 그것이다.

> 고대 그리스 철학자 '아리스토텔레스'는 "잉태보다 더 위대한 것은 존재하지 않는다."라고 했다. 다시 말해서 어머니란 태동의 모체인 것이다. 가정마다 가장 완벽하고 위대한 여생을 옆에 두고 있다는 것만으로도 행복하지 않을까? 또한 모자란 부분을 채워줄 누군가가 옆에 있으면 얼마나 행복할까. 바로 당신 곁에 그 사람이 있다./평생동반자, 바로 그 사람이다.
>
> — 〈여인의 삶〉 결말 부분

위의 수필 〈여인의 삶〉은 "어머니는 강하다."라는 첫 문구로 시작한다. 이 수필은 작가의 어머니에 관한 에피소드를 소개하려는 것이 아니라, '여인'에 대한 작가의 인식을 정리하기 위한 수필이다. 위의 인용문에 "어머니는 태동의 모체"라는 일반적인 정의를 강조하기보다는 '모자란 부분을 채워주는, 행복을 주는, 그리고 당신 곁에 있는 평생동반자'가 여인이라는 사실을 환기하고 있는 수필이다. 작가 개인의 체험담의 기록이 아니라 작가의 온축된 체험에서 나온 여인의 인식이다.

이 밖에도 같은 맥락의 수필은 장터거리에서 손칼국수 장사를 하는 여인의 이야기인 수필 〈할머니의 조배기(수제비)〉, 잠녀였던 두 누나의 과거 이야기를 회상한 수필 〈잠녀潛女〉. 이 수필은

"잠녀들의 어려운 자맥질은 오늘의 제주사람들을 풍요롭게 하여 준 원동력이며 나를 키운 고마움"임을 환기하는 수필이다. 그리고 이 수필집의 표제작인 수필 〈바람아 구름아〉은 소아마비 장애우 석현이의 할머니를 통해 "위대한 성자가 남긴 것은 재물이 아니라 '아름다운 삶'이었다. 금세기 철학자 '칼릴 지브란'은 인간이 필요로 하는 정도를 넘어서는 참된 부富는 존재하지 않는다." 라는 메시지를 전하기 위한 대 사회적인 수필이다.

3. 동물 · 사물에 대한 인식, 감각적인 표현과 메시지

어떤 시인은 이렇게 말한다. 자신은 사물의 인식과정을 그대로 시로 쓴다고. 시만 그러한가? 그러지는 않을 것이다. 최근에 들어와 수필의 위상이 달리 정리되고 있다. 21세기에 들어 영상시대 혹의 문학의 위기, 문학 장르의 해체론이 대두되면서 수필은 문학의 제 장르들이 통합할 수 있는 장르 또는 문학이 제 장르가 지향하는 장르의 위상이 있음을 인정하기 시작했다. 소설도 표현구조적인 국면에서 수필화가 되어가고, 시 또한 수필의 표현구조를 차용하려하는 움직임이 있음을 지적하기도 한다. 하지만, 나는 그보다 문학의 제 장르의 이론이나 창작론이 하나이었다는 점과 다르지 않다는 의식을 모든 문학이론가나 창작인이 우선 먼저 인식하는 것이 전제되어야 한다는 생각이 든다. 문학은 하나이다. 원론은 공통되는데 장르적인 특성에 따라 다소의 창작방법론이 다를 뿐이다. 사물에 대한 인식과정을 시로 쓸 수 있는 것처럼 수필도 사물 또는 동물의 인식과정을 수필로 얼마든지 쓸 수 있기 때문이다. 사물의 자기화와 자기의 사물화라는 창작 방법이 시의 전용물은 아니기 때문이다. 그 예를 현성호의 수필은 보여주고 있다.

> 천둥치더니 비가 세차게 내린다. 열려 있는 창문을 닫고 시계를 보니 새벽 4시가 지나고 있다. 한 시간은 더 기다려야 날이 밝겠지. 밭에 있을 까투리 가족이 걱정스럽다. 부화한 지 열흘이 지났지만 어린 꺼벙이(꿩의 새끼)들의 안전이 염려스럽다. / 며칠 전에 밀감 과수원에 갔을 때 일이었다. 딱히 할 일은 없었지만 병충해에 대한 사전조사 차 밭에 가 보았다. 하얀 밀감꽃 향기가 풍년을 기약하고 있었다.
>
> — 〈내 사랑 까투리〉 서두

위의 수필 〈내 사랑 까투리〉의 수필 창작 대상은 '까투리'가족이다. 천둥 비에 까투리 가족을 걱정하는 작가의 마음, 특히 열 세 마리로 늘어난 까투리 가족에 대한 진한 애정이 자연 친화를 넘어서 가족 사랑으로 발전하는 모습, 그 심정을 이 수필은 그려 가고 있다. 그리고 그것이 자신에게는 '아름다운 수수께끼'라는 여운을 남긴다.

10년 전에 집 마당에 심어 놓은 벚꽃이 휘늘어지게 피었다./ 시샘이라도 하듯이 봄비는 가녀린 꽃 볼을 때린다. 파르르 음률을 타고 자벌레처럼 움칠움칠하더니 소리없이 떨어진다. 물 머금은 꽃잎은 빗물로 세태를 씻겨 보낼 뿐이다./ 까치 한 쌍이 벚꽃놀이를 왔는지 꽃가지를 흔들어본다. 떨어지는 꽃은 하얀 눈으로 변하더니 사방 천지가 온통 벚꽃 향기로 가득하여 상쾌하다./ 새처럼 가지를 흔들어 봤다. 우수수 떨어지는 꽃잎으로 밑바닥이 하얗다. 발 디딜 곳이 마땅치 않다.

— 〈고양이 삼형제〉 서두

위의 수필은 제목처럼 '고양이 삼형제'의 이야기를 쓰고 있다. 고양이의 친화력과 이기주의적인 고양이의 속성에 '괘씸한 마음'이 들기도 하지만 '고양이도 살기에 힘든 세상'에 안전을 비는 마음을 쓰고 있다. 그리고 김정희의 유배생활에 외로움을 달래주었다는 개와 고양이를 떠올리며 퇴계 선생의 훈시 "내가 남을 사랑하지 않으면, 너 또한 사랑받기를 원하지 마라."는 금과옥조를 환기한다.

송아지는 내 무릎에서 눈을 감는다./ 한여름의 뜨거운 태양도 나를 일으켜세우지를 못했다. 눈물인지 땀인지 모를 물이 볼을 타고 줄줄 흘러내린다. 일행이 내 어깨를 두드려서야 지금껏 송아지를 껴안고 있음을 알았다. 누구에게 어떻게 하소연이라도 해봤으면 했다. 송아지가 내게로 안 왔으면 이런 슬픔이 없을 것을. 송아지 키울 줄 모르는 나를 만난 것이 화근이었을까./가을이 돼서야

> 아내에게 송아지의 비보를 얘기했다. / '좋은 인연은 오는 것이 아니라 만들어 가는 것'이라는 것을 알게 해준 송아지였다. 송아지와의 인연은 나의 부족한 경험이 만들어낸 아픔이었다.
>
> — 〈아! 송아지〉 결말 부분

위의 수필 〈아! 송아지〉는 농촌에서의 소의 소중함을 상기시키기보다는 작가가 송아지와 지낸 과정들을 담담하게 그림으로 해서, 그 인식과정을 통해 위의 인용문에서처럼 "좋은 인연은 오는 것이 아니라 만들어 가는 것"이라는 '인연의 의미'를 되새기게 하는 수필이다.

그리고 수필 〈모성애〉는 문어라는 대상을 통해 "위태로움을 모성애의 위대함으로 극복하는 미물微物들의 행위는 그 자체로 인간에게 무언의 교육"을 준다는 메시지를 말하기 위한 수필이다.

이렇듯 현성호의 수필 중에서 인간 친화, 자연 친화 사상이 바탕되는 선비 의식적인 교시적 수필도 하나의 특징으로 나타난다. 그의 수필 중에서는 봉사 정신을 강조하는 수필도 흔하게 볼 수 있다. 애써 강조하지는 않지만 인간의 도리와 군자 혹은 선비 그리고 작가가 가야할 길을 행간 속에 제시해주고 있다. 감성적인 수필을 쓰는 수필가들이 때로는 결여되는 반도덕성적인 경향을 찾아볼 수 없으며 인간에 대한 깊은 통찰과 자연물과의 친화 사상들이 다분히 선비적이다.

또한 수필 〈노년은 아름다워야 한다〉에서 작가가 말한 바, "봉사할 줄 아는 사람이 가장 행복한 사람"이 되기 위해 작가는 '노년의 아름다움'을 추구하고 있는지도 모른다.

4. 작가의 원체험공간인 제주의 풍물

작가는 원체험 공간에서 벗어날 수 없다. 자신이 태어난 곳, 자란 곳, 그리고 지금 살고 있는 곳에 대한 공간 의식을 갖게 된다. 그리고 의식이 어떤 형태로든 드러나기 마련이다. 작가의 경우는 그 공간의식으로 작품을 형상화시킨다. 그런 점에서 현성호는 행복한 작가이다.

> 제주도의 하늘은 색다르다. 그것은 태초 신비의 섬, 즉 여자와 돌과 바람, 삼다三多가 받쳐 주기 때문이다. 만물의 근본인 태동의 모체는 신비스런 암컷으로부터 오는 것이 아닌가./제주의 오름은 어떠한가. 사이좋은 이웃 아낙들의 '젖가슴'을 보는 듯 다감한 수다를 떠는 양 봉긋한 젖가슴이 사이좋게 솟아 있다. 제주도의 어디를 둘러보아도 어머니의 넉넉함이 묻어나는 자연, 바로 여인의 젖 냄새이다. …… 설문대 할망이 태고의 제주의 조물주라면 근세의 제주의 지킴이는 김만덕 할망이다. …… 아마도 여성의 기氣에 의지한 남정네들의 기를 채워 주려함인가. …… 또한 제주의 지킴이는 돌하르방이다. …… 그래서 탐라국이 보물섬이라서 탐이 나는가.
>
> — 〈삼다도三多島〉에서

위의 수필 〈삼다도三多島〉는 작가의 원체험공간인 제주도를 '젖과 꿀이 흐르는 곳' 또는 '여성의 만리장성이고 자애의 낙원'이라는 인식을 가지고 쓴 수필이다. 어린 시절의 기억과 제주의 비바람에 부서진 외양간, 아버지의 소에 대한 애틋한 회상을 하면서도 위의 인용에서 보듯이 제주의 모성성에 대해서 아름답게 쓴 수필이다.

그리고 아래의 수필 〈귀신이 되어 버린 악동〉은 제주도를 '신들의 고향'이라는 의식으로 어린 시절부터 가졌던 그곳에 남아 있는 민속의 한 단편을 소개한다.

> 제주는 신들의 고향이라고 한다. 50년 전만해도 입춘절을 전후해서 액막이로 작은 굿을 해서 짚이나 대로 만든 바구니에 제물을 차려 마을 입구 외진 곳에 갖다 놓는다./집안의 나쁜 기운을 삼신할망의 도움을 얻어 몰아내기 위해 정성들여 제물을 차려 놓고 삼재팔난三災八難을 막아 주십사 굿을 하고 제를 올린 후 액막이로 돈(1환짜리 지폐)까지 넣은 뒤 마을 밖 외진 곳에 놓는 것이다.
>
> — 〈귀신이 되어 버린 악동〉에서

우장을 쓰고 친구 송이와 도깨비 찾기 놀이에 빠져 있는 어린 시절의 작가를 귀신으로 착각한 마을 사람들의 해프닝을 재미있게 그린 수필이다. 어처구니없게 귀신이 되어버린 작가. 그곳에 귀신이 나타났다고 해서 아직도 '귀신 터'라 불리는 이야기. 그리고 작가와 친구 송이는 '영원한 귀신'이 되고 '이왕에 귀신이 된 몸이라면 의로운 귀신'이 되었으면 한다는 발상이 재미있다.

> 바닷가에 접한 원당봉은 집에서 걸어 40분 거리다. 그 오름 중턱, 100m이내에 사찰 세 개가 사이좋게 마주하고 있다. …… 이곳은 풍광도 그렇거니와 맑은 숲 바람이 몸과 마음을 씻어주는 듯 상쾌하다. 간간이 끊길 듯 이어지는 삼사三寺의 불경 소리는 속세의 실기를 다듬어 준다. …… 독일의 금세기 철학가 '마틴 하이데거'는 "인간은 본시 선량하다. 불행한 자는 단지 길을 잘못 들어섰을 뿐이다."라고 했다. 오늘도 나는 원당봉 세 개의 사찰 삼거리에서 있다. /주저 없이 어느 길이나 택할 수 있는 것은 혼자만의 행복일까?
>
> — 〈이웃 사찰〉에서

위 수필 〈이웃 사찰〉을 읽으면 작가의 산책로가 떠오르고 청정한 마음을 이해하게 된다. 불교는 무속신앙과 함께 한국인의 전통적인 신비 체험을 위한 수원지 구실을 해왔다. 그것이 가능한 것은 우리의 집단적 무의식 속에 원형적인 표상으로 불교의 정서가 은밀하게 숨어 있기 때문이다. 작가가 사찰의 체험을 통해 이러한 사색적이고 마음이 정화되는 수필이 가능한 것도 이 때문이다.

수필은 청결한 영혼이 그대로 드러나는 문학 장르이다. 수필의 기능 중 그 하나도 청정한 마음을 위해 혹은 하심下心의 수필로 새로운 세계를 열어 줄 것이라 나는 믿는다. 인간에 대한 이해를 불교적인 마음에서부터 시작할 때 그 가능한 세계는 더 넓어질 것은 자명하다. 나는 그것이 하나의 방편이 됨을 확신한다. 따라서 현성호 작가가 새로운 수필 세계로 나아가는 그 단초를 나는 수필 〈이웃 사찰〉에서 발견한다. 자유로운 영혼, 틀에 얽매이지 않는 감성과 상상력 그리고 문학 장르를 넘나드는 자유로움의 도전이 그의 인간에 대한 이해를 위해 가능한 지평을 열 것이라 믿는다.

현성호 수필집

바람아 구름아

인 쇄 / 2010년 9월 20일
발 행 / 2010년 9월 22일

지은이 / 현 성 호
발행인 / 서 정 환
발행처 / 신아출판사

출판등록 / 1984년 8월 17일 제28호
주 소 / 전주시 완산구 태평동 251-30
전 화 / (063) 275-4000, 252-5633
팩 스 / (063) 274-3131
E-mail / sina321@hanmail.net
shina321@chol.com

값 10,000원

ISBN 978-89-5925-748-5 03810